Romanistische Arbeitshefte 42

Herausgegeben von
Gustav Ineichen und Bernd Kielhöfer

Bernhard Pöll

Französisch außerhalb Frankreichs

Geschichte, Status und Profil regionaler und nationaler Varietäten

Max Niemeyer Verlag
Tübingen 1998

Für die kritische Durchsicht des Manuskripts und so manchen wertvollen Hinweis sei an dieser Stelle den Herren Professoren Hans Goebl (Salzburg), Dieter Messner (Salzburg) und Wolfgang Pöckl (Germersheim) herzlich gedankt.

Die Deutsche Bibliothek – CIP-Einheitsaufnahme

Pöll, Bernhard:
Französisch außerhalb Frankreichs : Geschichte, Status und Profil regionaler und nationaler Varietäten / Bernhard Pöll. – Tübingen : Niemeyer, 1998
(Romanistische Arbeitshefte ; 42)

ISBN 3-484-54042-7 ISSN 0344-676-X

Gedruckt auf alterungsbeständigem Papier.
Druck: Weihert-Druck GmbH, Darmstadt
Buchbinder: Industriebuchbinderei Nädele, Nehren

Inhalt

0. Einleitung

Die wissenschaftliche Auseinandersetzung mit Varietäten des Französischen außerhalb Frankreichs hat eine relativ kurze Geschichte. Lange Zeit hindurch galt die diatopische Variation der Gemeinsprache, durchaus im engeren Wortsinn, als *peripheres* Thema, das entweder unter sprachpflegerischen Gesichtspunkten (Purismus) oder – dem Gegenstand ebenso wenig angemessen – im Rahmen der Dialektologie und Sprachgeographie abgehandelt wurde.

In bezug auf die Varietäten des Französischen außerhalb des Hexagons bedeutete der von Albert Valdman herausgegebene umfangreiche Sammelband „Le français hors de France" (VALDMAN 1979) einen großen Einschnitt; man kann ohne Übertreibung davon sprechen, daß seither die Zahl der einschlägigen Publikationen (Aufsätze und Monographien) explodiert ist. Mit den in den letzten Jahrzehnten erreichten empirischen und theoretischen Fortschritten in der Linguistik (Soziolinguistik, „pragmatische Wende", Spracherwerbsforschung, Kreolistik etc.) haben sich aber auch die Zugänge zur Thematik verzweigt.

Daß hier eine Synthese der Forschung not tut, haben Anfang der 90er Jahre Didier de Robillard und Michel Beniamino erkannt und in den Jahren 1993 und 1996 ein zwei Bände umfassendes Sammelwerk mit dem Titel „Le français dans l'espace francophone" (ROBILLARD/BENIAMINO 1993; 1996) herausgebracht.

Dennoch schien es gerechtfertigt, die Bibliographie der einschlägigen Arbeiten noch um einen Titel zu vergrößern, und zwar aus mehreren Gründen: Die beiden genannten Werke zeichnen sich, jedes für seine Zeit, durch ein hohes wissenschaftliches Niveau aus, was allerdings die Rezeption für Leser ohne profunde Vorkenntnisse (Studierende und interessierte Laien) nicht gerade leicht macht. Andererseits liegen für diesen Leserkreis bislang keine geeigneten Alternativen vor, und die auf dem Markt befindlichen französischen Sprachgeschichten bieten in der Regel nur sehr rudimentäre Informationen zum Französischen außerhalb Frankreichs – von der löblichen Ausnahme der „Histoire de la langue française" von J. Picoche und Ch. Marchello-Nizia ([4]1994) einmal abgesehen, die die verschiedenen frankophonen Gebiete im Rahmen der externen Sprachgeschichte behandelt. Auch der das Französische behandelnde Band des „Lexikons der Romanistischen Linguistik" (1990) läßt diesbezüglich einiges zu wünschen übrig; die den verschiedenen frankophonen Gebieten gewidmeten Artikel sind von höchst unterschiedlicher Qualität und können nicht uneingeschränkt empfohlen werden.

Vor diesem Hintergrund versteht sich der vorliegende Band als Synthese für ein primär studentisches Publikum, das eben nicht hochspezialisiert ist und sich *erstmals* mit der Geschichte und den Erscheinungsformen, dem soziolinguistischen Status und den Problemen des Französischen außerhalb Frankreichs vertraut machen will. Diesem Konzept entsprechend setzen wir uns auch nicht dem Systemzwang aus, *alle in irgendeiner Form als frankophon anzusehenden Länder oder Regionen* zu behandeln, sondern legen das Hauptaugenmerk auf jene Gebiete, um deren frankophone Zukunft man sich wahrscheinlich keine allzu großen Sorgen machen muß und die sich durch eine spezifische Sprachenlage deutlich von Frankreich abheben: Die frankophonen europäischen Länder **Schweiz, Belgien, Luxemburg**, sowie **Québec** und **Afrika** (Schwarzafrika und Maghreb). Dabei lag es allerdings aus der Thematik immanenten (sprach-) historischen Gründen nahe, auch jene Gebiete mit einzubeziehen, in denen das Französische auf nicht mehr so sicheren Beinen steht (im nordamerikanischen Kontext: die anglophonen Provinzen Kanadas, die Neu-England-Staaten sowie Louisiana; in Europa: das Aosta-Tal).

Mit dieser Beschränkung geht man auch dem auf seriöse Weise kaum lösbaren Problem aus dem Weg, den „niveau seuil de la francophonie" (RAPPORT 1990, 27) zu definieren, d.h. die Frage zu beantworten, welche Umstände (Art des Erwerbs, gesellschaftliche Funktion, Sprecherzahlen, rechtlicher Status etc.) gegeben sein müssen, um ein Land, eine Region, eine Provinz etc. als *frankophon* zu etikettieren. Ein m.E. vertretbares Minimalkriterium, das auch in dieser Arbeit mit zum Tragen kam, ist sicherlich die Frage, ob das Französische Zweitsprache oder *nur* Fremdsprache ist. Im Hinblick darauf bleiben die ehemals zum französischen Kolonialreich gehörigen Territorien bzw. Staaten Asiens und der Karibik explizit ausgeschlossen: Pondichéry (ehemaliger Handelsstützpunkt Frankreichs an der Indischen Ostküste; mit offiziellem Status des Franz. seit 1962), Kambodscha, Laos, Vietnam (ab der 2. Hälfte des 19. Jahrhunderts bis 1954 bei Frankreich) sowie Haiti (ab Ende des 17. Jahrhunderts unter franz. Herrschaft, seit 1804 unabhängig).

In allen drei Gebieten ist das Französische nur für eine (kleine) Minderheit Muttersprache und wird trotz eines großen finanziellen Engagements von seiten Frankreichs als Verkehrssprache zunehmend vom Englischen konkurrenziert. In Haiti ist eine mit den anderen ehemals frankophonen Karibikinseln (Sainte-Lucie, Dominique, Grenada, Trinidad) vergleichbare Konstellation zu erwarten: Das Englische übernimmt die Rolle des Französischen in der Diglossiesituation mit dem französisch-basierten Kreol. Auf den beiden anderen bei Frankreich verbliebenen Karibikinseln Martinique und Guadeloupe (DOMs seit 1946) wird der Status des Französischen durch die politische Zugehörigkeit gesichert. Aber auch sie sind mehrheitlich kreolophon.

Da es sich bei den französischen Kreolsprachen nicht um regionale Varietäten sondern um Sprachen sui generis bzw. einen eigenen Sprachtypus handelt, der in vielerlei Hinsicht vom Französischen abweicht, werden sie in der wissenschaftlichen Literatur gemeinhin nicht zur Frankophonie gezählt. Deshalb bleiben auch die überwiegend kreolsprachigen Inseln des Indischen Ozeans ausgeblendet: Réunion (DOM), Mauritius (Ile Maurice), Rodrigues, Seychellen.[1]

Einen Streitfall stellen sicherlich die Maghreb-Staaten dar, wo der Status des Französischen zwischen Zweitsprache und (privilegierter) Fremdsprache anzusiedeln ist. Durch die Präsenz einer traditionsreichen und kommunikativ prinzipiell vollwertigen Verkehrs-/Dachsprache (Arabisch) unterscheidet sich ihr soziolinguistisches Profil doch grundlegend von jenem der schwarzafrikanischen frankophonen Staaten.

Die in diesem Band gesetzten Schwerpunkte sind also nicht mit jener Konzeption von „Frankophonie" zur Deckung zu bringen, die für die französische Literaturwissenschaft maßgeblich ist: Die Zugehörigkeit zur (literarischen, kulturellen, identitätsmäßigen etc.) Frankophonie läßt sich nur schwer mit linguistischen Kriterien und soziolinguistischen Parametern messen. Aus der Perspektive des Literaturwissenschafters gehören deshalb nicht nur der Maghreb und die Antillen ganz selbstverständlich zur Frankophonie, weil durch die Existenz einer ästhetisch anspruchsvollen und international rezipierten Literatur in französischer Sprache das grundsätzliche Bekenntnis zur einer Gemeinschaft der Sprecher des Französischen zum Ausdruck kommt (vgl. zur Problematik COMBE 1995 sowie das folgende Kap.).

***

Zum Aufbau: Den einzelnen Portraits der Varietäten (Kap. 4 - 6) sind drei einführende Kapitel vorangestellt. In Kapitel 1 wird eine Klärung des Begriffs *Frankophonie* unternommen, Kapitel 2 faßt die wichtigsten theoreti-

---

[1] Einen guten Überblick über Entstehung, Verbreitung und Charakteristik der franz. Kreolsprachen gibt Peter Stein: Kreolisch und Französisch. Tübingen: Niemeyer, 1984 (RA 25).

schen Ansätze zur Erforschung der *français régionaux* zusammen (Definition von *français régional*, Entstehung und Beschreibung diatopischer Varietäten der Gemeinsprache, Plurizentrizität) und skizziert den Wandel der Einstellungen zur regionalen Variation im Französischen. Es sollte im Unterschied zu Kap. 1 (Frankophonie) und Kap. 3 (den Typologisierungsversuchen für die vielfältigen soziolinguistischen Konstellationen des „espace francophone" gewidmet) zum besseren Verständnis auf jeden Fall *vor* der Lektüre der Varietätenportraits gelesen werden.

Soweit dies möglich war, wurde bei den einzelnen Sprachgebieten versucht, durchgehend ein Beschreibungsraster zu verwenden, das die aktuelle Sprachenlage, die Geschichte des Sprachraumes, den Stand der linguistischen Beschreibung sowie die Sprachbewertung berücksichtigt.

Jedes Kapitel schließt mit Arbeitsaufgaben; sie dienen zur Vertiefung einzelner Aspekte des Informationsteils, der bei der gebotenen Kürze natürlich so manchen Sachverhalt über Gebühr vereinfacht. In der Regel können sie selbständig erledigt werden, wobei es sicherlich von den Vorkenntnissen abhängt, in welchem Ausmaß Hilfestellung vonnöten ist. Zur Ergänzung des Textteils bzw. der Übungen ist eine Audiokassette mit ausgewählten *Sprachproben* erhältlich, die vom Verfasser (zum Selbstkostenpreis) bezogen werden kann.[2]

Abschließend noch ein paar Bemerkungen zur Bibliographie; die schier unüberblickbare Fülle an wissenschaftlicher Literatur zur Thematik dieses Bandes erlaubt nur eine sehr unvollständige Auswahl. Kriterien bei der Erstellung der Bibliographie waren - abgesehen von der Zugänglichkeit - vor allem die Repräsentativität und die Frage, inwieweit der gesicherte Forschungsstand dargestellt ist. Jene Titel, die zur ergänzenden Lektüre besonders empfohlen werden, sind mit einem * gekennzeichnet.

[2] Kontaktadresse: Institut für Romanistik der Univ. Salzburg, Akademiestraße 24, A-5020 Salzburg; e-mail: *Bernhard.Poell@sbg.ac.at*

1. Zu den Begriffen „Francophonie" und „francophone"

So vage und wenig greifbar, so unterschiedlich konnotiert, wie uns der Begriff im heutigen Sprachgebrauch gegenübertritt, so eindeutig lokalisierbar ist sein Ursprung. Im Jahre 1880 veröffentlicht der französische Geograph Onésime Reclus (1837 - 1916) eine Studie über „France, Algérie et colonies" und verwendet darin ein neues Kriterium zur Klassifizierung der von ihm untersuchten Völker. Hatte man sich bislang vor allem auf das Merkmal „Rasse" gestützt, war es bei Reclus die Sprache, welche in der Familie und im sozialen Umfeld verwendet wird. Jene Völker oder Ethnien, die das Französische verwenden, nennt er – in einer hybriden, griechisch-lateinischen Bildung – *francophone*, die Gesamtheit der französisch-sprechenden Menschen und die Gebiete, in denen sie leben, *francophonie*.

Diese im engeren Sinn sprachliche bzw. geographische Bedeutung bleibt im wesentlichen bis zur Mitte des 20. Jahrhunderts konstant, was wohl sicherlich mit dem weitestgehenden Verschwinden des Begriffs aus dem aktuellen Wortschatz zusammenhängt. Erst in den 60er Jahren häufen sich die Belege: Im Jahre 1962 bringt die Zeitschrift „Esprit" eine Sondernummer zum Thema „Le français dans le monde" heraus. Unter der Feder des senegalesischen Staatspräsidenten Léopold Sédar-Senghor erfährt das Konzept eine semantische Bereicherung – *francophonie* nicht mehr nur als linguistischer Terminus, sondern darüber hinaus als Bezeichnung für eine Werte- und Kulturgemeinschaft:

> „la Francophonie, c'est cet humanisme intégral, qui se tisse autour de la terre: cette symbiose des 'énergies dormantes' de tous les continents, de toutes les races, qui se réveillent à leur chaleur contemporaine." (SENGHOR 1962, zit. n. LUTHI/VIATTE/ZANANIRI 1986, 177)

Anläßlich der Verleihung des Ehrendoktorats der Universität Laval (Kanada) im Jahre 1966 präzisiert er in einem Vortrag mit dem Titel „La Francophonie comme culture":

> „La Francophonie, c'est, par delà la langue, la civilisation française; plus précisément, l'esprit de cette civilisation, c'est-à-dire la Civilisation française. Que j'appellerai la *francité*." (SENGHOR 1966, zit n. LUTHI/VIATTE/ZANANIRI 1986, 177)

Senghor bringt hier ein (Quasi-)Synonym - *francité* - ins Spiel, das spätestens seit Roland Barthes' „Mythologies" (1957) bekannt ist. Barthes meint mit Bildungen des Typs *Italie - italianité, Chine - sinité, France - francité* das kollektive Inventar von Vorstellungen vom betreffenden Basiskonzept. (Im Deutschen müßte man diese Wortschöpfungen mit Hilfe des deadjektivischen Suffixes *-heit* wiedergeben, was allerdings wortbildungsmäßig zu kaum akzeptablen Ergebnissen führt: *?Italienischheit, ?Chinesischheit, ?Französischheit.*)

Mit der symbolischen Aufladung des Terminus beginnt die bis heute andauernde Phase der ambivalenten Einstellung gegenüber dem Konzept. Ihre Extrempole manifestieren sich einerseits im Glauben an die Überwindung des Kolonialismus und das durch die französische Sprache (und Kultur) als gemeinsamen Nenner geschaffene Gefühl der Zugehörigkeit zu einer Gemeinschaft jenseits nationalstaatlicher Interessen, andererseits in der Ablehnung einer als neokolonialistisch entlarvten Ideologie, im Rahmen derer Frankreich bequem und unter Beibehaltung seiner Rolle als Wahrer der Menschenrechte seinen Status als eine der internationalen Führungsmächte beibehalten kann. Auf die Problematik des Begriffs weist auch - in sehr dezenter Form - der entsprechende Wörterbucheintrag im „Grand Robert" hin: „Le mot, lorsqu'il prétend conférer une cohésion à l'ensemble humain mal défini qu'il désigne, est parfois très critiqué" (GR, Vol. 4, S. 694, s.v. *francophonie*)

Zudem läßt die angesprochene Vagheit des Begriffs das Aufkommen einer Vielzahl von Konkurrenzkonzepten zu: Neben dem schon erwähnten *francité* etwa auch *francitude, communauté francophone, communauté de langue française* oder gar *Commonwealth francophone* (cf. DENIAU 1995, 13)!

Im heutigen Sprachgebrauch lassen sich für „francophonie" im wesentlichen vier Bedeutungen unterscheiden (vgl. DENIAU 1995, 15ff.):

1. „Francophonie" im sprachwissenschaftlichen Sinn: Die Summe der Sprecher des Französischen, wobei hier entweder nur muttersprachliche Sprecher, sowohl Muttersprachler als auch Verwender des Französischen als Zweitsprache[3] oder auch - allerdings seltener - die Gesamtheit der

[3] Im Unterschied zu Fremdsprache, jede Sprache außer der Muttersprache, die 1. nicht unbedingt in einem gesteuerten Prozeß (Unterricht) erworben wird und 2. im jeweiligen Land nicht „fremd" ist, z.B.: Französisch in Frankreich für Immigranten → Zweitsprache; Französisch in Österreich im Sekundarbereich → Fremdsprache. In der Praxis der Spracherwerbsforschung wird diese Unterschei-

Sprecher, egal ob Muttersprache, Zweitsprache oder Fremdsprache gemeint sein können. Mit diesen unterschiedlichen Interpretationen hängen die oft recht divergierenden Sprecherzahlen des Französischen zusammen. Je nach Zählweise kommt man dabei auf 75 bis mehrere hundert Millionen Sprecher.

2. „Francophonie" im geographischen Sinn: Jene Staaten oder Gebiete, in denen das Französische als Muttersprache oder „Sprache des Dauergebrauches" (≈ häufiger verwendete Zweitsprache; vgl. MÜLLER 1975, 7), Verwendung findet. Die Ausdehnung auf Territorien, in denen das Französische ausschließlich als Fremdsprache auftritt, ist unüblich, wenngleich auch Staaten, die der genannten Definition nicht entsprechen, in Institutionen der Frankophonie [siehe 4.] Mitglieder sind (z.B. Bulgarien in der ACCT).

3. „Francophonie" als die aufgrund von gleicher Sprache, ähnlicher geistiger Werte und durch ein historisch begründetes Zusammengehörigkeitsgefühl entstandene Gemeinschaft der französischsprachigen Nationen. Diese Bedeutung basiert auf 2. Das Adjektiv *francophone* wird häufig bewußt zur Abgrenzung von *français* eingesetzt und steht semantisch in einer ähnlichen Beziehung wie *anglo-saxon* zu *anglais*.

Obwohl Frankreich per definitionem Teil der Frankophonie ist, legen manche Verwendungen, vor allem des Adjektivs, nahe, daß im kollektiven Bewußtsein der Franzosen Frankreich zwar nicht außerhalb dieser Gemeinschaft steht, aber zweifelsohne eine Sonderstellung innehat. In diesen Kontext gehört der vielleicht symptomatische Lapsus von Bernard Pivot anläßlich einer Verleihung des Preises bei den *Championnats d'Orthographe* an einen nicht-französischen Frankophonen: Pivot sprach davon, daß es das erste Mal sei, daß ein Frankophoner den Preis gewonnen hätte ... (cf. GOOSSE 1995, 272). *Francophone* scheint hier *français* auszuschließen!

4. „Francophonie" – die Gemeinschaft der privaten, staatlichen oder supranationalen Organisationen und Verbände, deren Ziel die Förderung der Frankophonie (Bedeutungen 2 und 3) ist. Dazu ist für das Adjektiv *francophone* eine zusätzliche Bedeutung entstanden: „zur (institutionellen)

---

dung allerdings nicht immer durchgehalten. – Aus gesellschaftlicher Sicht handelt es sich meist um das Französische als Verkehrssprache.

Frankophonie" gehörig, z.B. in *sommets francophones, institution francophone, Affaires francophones* etc.

Von den zahlreichen Institutionen und Strukturen, die das Netz der institutionellen Frankophonie bilden, kann hier nur eine kleine Auswahl aufgelistet werden (für einen genaueren Überblick über Aufgaben und Funktionen der frankophonen Institutionen vgl. BOSTOCK 1986, DENIAU 1995 und BRUCHET 1996):

- Private Organisationen: *Alliance française* (gegründet 1883), *Association „Défense de la langue française"* (gegr. 1958)
- Supranationale Organisationen/Strukturen: *Conférence des chefs d'Etat et de Gouvernement ayant en commun l'usage du français* (sog. *Sommets francophones*), *Agence de Coopération culturelle et technique* (ACCT, gegr. 1970), *Agence francophone pour l'enseignement supérieur et la recherche* (AUPELF-UREF, gegr. 1961), *Conseil international de la langue française* (CILF, gegr. 1968)
- Staatliche (nationale) Organisationen: *Haut Conseil de la Francophonie* (HCF, gegr. 1984, beratendes Organ des franz. Staatspräsidenten), *Ministère de la Francophonie* (Frankreich, seit 1988[4]), *CODOFIL* (Council for the Development of French in Louisiana, gegr. 1968), *Office de la langue française* (OLF, gegr. 1961, der Provinzregierung von Québec unterstellt), *Académie royale de la langue et de la littérature française de Belgique* (gegr. 1772)

Arbeitsaufgaben:

1. Suchen Sie Belege für das Adjektiv *francophone* in seiner *français* ausschließenden Bedeutung (z.B. mit Hilfe der auf CD-ROM erscheinenden Jahresausgabe von *Le Monde*)!
2. Konsultieren Sie verschiedene Sprachgeschichten sowie einführende Werke in die französische Sprachwissenschaft und vergleichen Sie die Sprecherzahlen, die dort angegeben werden. Welche Kriterien liegen den Zahlenangaben zugrunde?
3. Informieren Sie sich über Genese und Semantik der Begriffe „Hispanophonie" und „Lusophonie"!

---

[4] Gegenwärtig (Stand: Anfang 1998) wieder *Secrétariat d'Etat*.

2. Regionales Französisch/*français régional*: Problematik und neuere Entwicklungen

2.1 Definition

Zur Beschreibung der synchronen diatopischen, d.h. geographischen Variation hat sich in der französischen Sprachwissenschaft der Begriff *français régional* eingebürgert. Aus mehreren Gründen scheint die im Englischen oder im Deutschen (im nicht-wissenschaftlichen Diskurs) übliche Etikettierung „dialect/Dialekt" für die Situation im Französischen ungeeignet.

In der Tat sind die geographischen Varianten des Französischen, wie sie uns in ausgeprägterer Form etwa in Südfrankreich oder in Belgien begegnen, Produkt des Aufeinandertreffens des Gemeinfranzösischen und der *historischen* Dialekte bzw. der sog. *langues ethniques.*[5] Im Zuge der Ausbreitung des Französischen (nach dem Standard der Ile-de-France; Franzisch) ab dem 12. Jahrhundert werden die in den verschiedenen Teilen der Galloromania aus dem Vulgärlatein entstandenen Varietäten, die z.T. eigene Schreibtraditionen entwickelt hatten (deshalb auch die Bezeichnung *skriptae*), überlagert. In diesem Prozeß der Ablösung überflügelt einer der historischen Dialekte, das Franzische (frz. *francien*), die anderen Dialekte. Bemerkenswert dabei: Politische Gründe, vor allem der Umstand, daß Paris ab der 2. Hälfte des 12. Jahrhunderts dauerhaft den Königshof beherbergt, haben dazu geführt, daß ein aus kultureller Perspektive zunächst relativ insignifikanter Dialekt sich gegenüber Konkurrenten durchsetzt, die aufgrund bedeutender literarischer Produktion als Basis für die spätere Nationalsprache eher in Frage gekommen wären (z.B. Normandisch, Pikardisch, Champagnisch).

Der Prozeß der Herausbildung der *français régionaux* hat evidente Parallelen zur Romanisierung:

> „Die meisten *français régionaux* sind durch die Ausbreitung der Gemeinsprache über die Dialektzonen und die Gebiete nichtfranzösischer *langues ethniques* entstanden. Beim langsamen Erwerb 'des Französischen' haben die Bewohner die lautlichen, morphologischen, syntaktischen und lexikalischen Muster der Regionalsprachen auf dieses übertragen und so nach den jeweiligen regionalen

[5] Darunter versteht man die nicht-französischen Sprachen auf französischem Gebiet: Flämisch, Deutsch/Elsässisch, Katalanisch, Korsisch, Bretonisch, Baskisch, Okzitanisch.

> Vorgegebenheiten eine zusätzliche mittlere Ebene zwischen Ausgangs- und Zielsprache geschaffen. Dialekte wirkten hier wie typologisch andersartige Sprachen, nämlich als Substrate. Im Unterschied zu den sonstigen Substrateinflüssen in der Geschichte des Französischen [...] ist dabei jedoch die überlagernde Schicht [...] kaum affiziert worden; das Eigentümliche stellt hier die Herausbildung einer regionalen Zwischenebene dar." (MÜLLER 1975, 117)

Langfristig bewirkt die Entstehung der regionalen Zwischenebene eine Schwächung der Dialekte; von einigen Ausnahmen abgesehen - z.B. erweist sich das Wallonische als auffallend resistent - ist dieser Prozeß bereits in einem fortgeschrittenen Stadium.

Aus dem Beginn des Zitats ist ersichtlich, daß diese Form der Genese nicht für alle *français régionaux* gleichermaßen zutrifft; eine Sonderstellung kommt dem regionalen Französisch in Schwarzafrika und in Kanada zu:

- Das Besondere an der Situation in Afrika ist, daß sich die Überlagerung immer wieder neu vollzieht (fast ausschließlicher Erwerb als Zweitsprache) und - im Unterschied zu Frankreich - die Ebene der autochthonen Sprachen keineswegs vom Verschwinden bedroht ist.
- Wiederum ganz anders die Entstehung des kanadischen Französisch: Ausgangspunkt war hier wahrscheinlich der „Export" verschiedener französischer Dialekte, vor allem jener des Zentrums, des Westens und des Nordwestens, die dann unter bislang noch nicht ganz geklärten Umständen, jedoch sehr schnell in einer Koiné (Ausgleichssprache) aufgingen [siehe Kap. 5.1.3].

Mit einem anderen Einflußfaktor bei der Entstehung eines regionalen Französisch ist hingegen fast immer zu rechnen, nämlich dem Einfluß benachbarter Sprachen im Zuge von kulturellen oder wirtschaftlichen Kontakten (Adstrat).

Die Besonderheiten einer „variété géographique d'une koïné ou langue commune" - so die heute unumstrittenste Definition[6] aus der Feder von

---

[6] Ein anderer Definitionsvorschlag stammt von TUAILLON 1977, 8: „le français régional est l'ensemble des variantes géolinguistiques du français", wobei mit „variantes géolinguistiques" die sprachlichen Einzelerscheinungen im Kontrast zum français commun gemeint sind. Aus Tuaillons weiteren Ausführungen geht hervor, daß es sich sehr wohl um die Partikularismen des Französischen *in einem bestimmten Gebiet* handelt (vgl. die etwas andere Interpretation v. POIRIER 1987, 141). Diese Konzeption liegt auch Tuaillons (1983) Arbeit zum Französischen in Vourey (Dauphiné) zugrunde. - Das wesentliche an diesen Definitionen ist, daß *français régional* nicht als eigenes System oder Varietät gesehen wird.

Lothar WOLF (1972, 171) – manifestieren sich am deutlichsten im mündlichen Bereich.

Unabhängig vom Verbreitungsgebiet hat Léon WARNANT (1973, 116) für alle *français régionaux* neben der Oralität festgestellt, daß sie

- „marginal" sind, d.h. vor allem in der Peripherie des französischen Sprachgebietes angetroffen werden;
- als „provincial" eingestuft werden können, weil sie nicht innovativ seien;
- natürlich *spezifisch* „régional" sind, d.h. von Region zu Region eine unterschiedliche Physiognomie aufweisen.

Einer Präzision bedarf das Etikett „provincial"; mit dem attestierten Mangel an Innovation meint Warnant das Faktum, daß die *français régionaux* – von wenigen Ausnahmen abgesehen[7] – mit ihren Innovationen (vor allem in den Bereichen Phonetik und Lexikon) zur Gemeinsprache, zu der sie in funktionaler Konkurrenz stehen, nur selten beitragen (können). Für die Sprecher anderer regionaler Varietäten bzw. der Standardsprache werden sie nicht spürbar.

In formeller mündlicher Kommunikation und vor allem in der Schriftlichkeit machen sich regionale Merkmale in der Regel weniger stark bemerkbar, da die Mehrheit der Sprecher – zumindest der europäischen Frankophonie – je nach Bildungsgrad auf die mehr oder weniger vollständige Beherrschung der Standardnorm, des *bon usage*, verpflichtet werden.

Die von der französischen Grammatiktradition gepflegte und für viele Sprecher und auch manche Linguisten selbstverständliche Verquickung von Regionalität und Oralität, und in weiterer Folge die Gleichsetzung mit familiärer Ausdrucksweise oder Umgangssprache, kann fatale Folgen haben, dann nämlich, wenn Sprecher regionaler Varietäten des Französischen nicht in der Lage sind, dem präskriptiven Normdruck zu entsprechen und ihren Sprachgebrauch nach Kommunikationsanlaß und Kommunikationspartner in Richtung auf den Standard hin zu verändern. Das Los dieser in eine Diglossie gezwungenen Sprecher ist ein gehöriges Maß

[7] Z.B.: *houille* (mit Ableitungen) aus dem belgischen Französisch, oder die verstärkte Tendenz zur Feminisierung von Berufsbezeichnungen (Einfluß des kanad. Sprachgebrauchs).

an sprachlichen Komplexen (*insécurité linguistique*[8]) [siehe Kapitel: 4.3 Belgien, 5.1 Québec], die in vielfältigen Kompensationsstrategien, verbunden mit der Ablehnung der eigenen Varietät, zu Tage treten können.

2.2 Die Aufwertung der Regionalität

In den letzten Jahren scheint sich allerdings diese Situation langsam zu ändern; der erste Anstoß zu einer differenzierteren Sicht datiert aus dem Jahre 1972. In diesem Jahr erschien das „Dictionnaire du français vivant" (DVF) von Maurice Davau, Marcel Cohen und Maurice Lallemand, in das erstmals Regionalismen aus Kanada, Belgien und der Suisse romande in Listenform Aufnahme gefunden haben (S. 1303 - 1310: „Mots, locutions et tournures propres à la Belgique, au Canada, à la Suisse romande"). Auch wenn die von den Lexikographen getroffene Auswahl von Linguisten aus den verschiedenen Sprachgebieten heftigst kritisiert wurde, beginnt mit diesem symbolisch bedeutenden Akt die Phase der Berücksichtigung des regionalen Sprachgebrauchs auch in den großen Wörterbüchern. Seit den 70er Jahren ist in den umfangreichen Definitionswörterbüchern (Robert, Larousse, TLF etc.) regionaler Wortschatz berücksichtigt, wobei die Selektion zum Teil in Kooperation mit Experten für die jeweiligen Sprachgebiete erfolgte.

In jüngerer Zeit wird die Aufwertung der Regionalität mit Schlagwörtern wie „plurizentrische Sprachkultur" oder „Plurizentrismus"[9] diskutiert. Darunter versteht man die grundsätzliche Akzeptanz und Legitimität mehrerer Standardnormen innerhalb ein und derselben Sprachgemeinschaft.

---

[8] Das Konzept stammt aus der amerikanischen Soziolinguistik (W. Labov); SWIGGERS (1993, 23) definiert folgendermaßen: „L'insécurité linguistique peut être définie comme un sentiment socialisé d'aliénation - de double aliénation: d'une part, par rapport à un modèle qu'on ne maîtrise pas/plus, et d'autre part, par rapport à sa propre production qu'on veut refouler ou forclore. Ce sentiment peut se traduire à la fois dans des attitudes explicites, dans un comportement linguistique (par ex. mélange inapproprié de registres, hésitation dans l'emploi de formes, manque d'aisance au niveau discursif) et dans l'écart entre le comportement linguistique et le discours épilinguistique."

[9] Der Begriff geht auf Heinz Kloss (1978) zurück und hat die Soziolinguistik der 80er und beginnenden 90er Jahre geprägt. Wesentlich zur Verbreitung hat der australische Germanist Michael Clyne beigetragen (vgl. z.B. CLYNE 1992).

Ein wesentlicher Faktor bei der Legitimierung regionaler Varietäten war die Erkenntnis, daß die regionalen Charakteristika in Wortschatz, Phonetik und Lexikon nicht nur in einem kleineren Gebiet anzutreffen sind, sondern u.U. typisch sind für ein größeres Territorium oder staatsähnliches Gebilde (z.B. Wallonien, Québec). Davon sind nicht nur - um im am besten greifbaren Bereich, dem Lexikon, zu bleiben - erwartungsgemäß die für die Bezeichnung der Realia (Fauna, Flora, Institutionen, Alltagskultur, Gastronomie etc.) benötigten Lexeme, sondern auch „normale" Wörter betroffen, die Subsprachen (diaphasischen oder diastratischen Varietäten, z.B. Schülerargot) angehören können (vgl. POIRIER 1987, 154f.). Im Hinblick darauf ist es sicherlich treffender, von *nationalen Varietäten* oder einem *français de Belgique* ou *du Québec* etc. zu sprechen; wir haben an einem anderen Ort den Begriff „français territorial" vorgeschlagen (PÖLL 1998, 170).

Grundsätzlich in Frage stellen kann man den Begriff *français régional* für solche Varietäten auch unter Bezugnahme auf die Semantik von *région* (vgl. POIRIER 1987, 152); so können etwa der Midi oder die Bretagne zu Recht als Region von Frankreich aufgefaßt und die dort anzutreffenden regionalen Varietäten als *français régional* bezeichnet werden - für Gebiete wie die Suisse romande, Cameroun oder die Provinz Québec kann dies wohl nicht gelten.

Die Aufwertung der nationalen oder territorialen Varietäten ermöglicht prinzipiell die Entwicklung eigener Normen für die Standardsprache und die Herausbildung eines eigenen qualitativen oder sozial markierten Varietätenkontinuums, ohne daß die Verhältnisse im hexagonalen Französisch den Maßstab bilden. Die Anzeichen mehren sich, daß manche periphere frankophone Gemeinschaften von dieser Möglichkeit Gebrauch machen. Beim *Sommet francophone* in Dakar (1989) war zwar programmatisch vom Anerkennen der „francopolyphonie", d.h. der Vielsprachigkeit des frankophonen Raumes (vgl. CHAUDENSON 1993, 357f.), die Rede, in bezug auf die Herausbildung anderer Normen des Französischen ist die Toleranz von französischer Seite noch nicht so ausgeprägt (vgl. PÖLL 1998). Von den Verhältnissen, die im Bereich des Englischen, des Spanischen oder des Portugiesischen herrschen, ist die Frankophonie noch ziemlich weit entfernt.

Anzumerken bleibt allerdings, daß die Hinwendung zu einer plurizentrischen Auffassung ein Rückpendeln zum Monozentrismus nicht für immer ausschließt.

2.3 Die Beschreibung der diatopischen Variation

Wie die qualitativen Register oder die diastratischen Varietäten (Soziolekte, Gruppensprachen) des Französischen, werden auch die geographischen Varietäten traditionellerweise im Kontrast zur Gemeinsprache, d.h. zu dem aus normativer Perspektive unmarkierten Sprachgebrauch, beschrieben.

Aus der Entstehungssituation (siehe 2.1) läßt sich eine genauere Beschreibungsmatrix mit vier relativen Kategorien ableiten (vgl. STRAKA 1981, 41 - 43):

- **Archaismus** im Verhältnis zur Gemeinsprache: Bewahrung älterer Sprachstände (in der Peripherie) bzw. Evolution der Norm der Gemeinsprache. Beispiele:
  - Konservierung des „h aspiré" (zu beobachten in Belgien oder in Louisiana)
  - apikales [r] (statt velarem [ʀ]) bei Sprechern in Kanada

- **Dialektalismus:** Vorkommen von dialektalen Elementen lautlicher, morphosyntaktischer oder lexikalischer Natur, die im Standard unbekannt sind. Beispiele:
  - höhere Frequenz des Passé simple im Regionalfranzösischen des Midi
  - Bildung des Futur composé nicht mit *aller*, sondern mit *vouloir* (Suisse romande) [vgl. Kap. 4.1.3]

- **Innovation**: Eigenständige Entwicklungen, die durch die Standardnorm nicht gebremst wurden. Beispiele:
  - Femininbildung im kanadischen Französisch (*auteure, écrivaine* etc.)
  - Ausnützen der vom franz. System her möglichen Wortbildungsverfahren: *ramasser* > *ramassoire* („pelle à poussière", Suisse romande); *essence* > *essencerie* („station de service", Sénégal)

- **Adstrateinfluß**: Entlehnung aus einer Nachbarsprache Beispiele:
  - *drache* „pluie abondante et subite" (Belgien; aus dem Flämischen)
  - häufigere Anteposition des Adjektivs im kanad. Französisch (ohne stilistische Nuance), nach englischem Modell: *le controversé débat, un réputé ingénieur*

Die Zuordnung zu diesen Kategorien muß natürlich von Gebiet zu Gebiet u.U. unterschiedlich getroffen werden: So ist die Anteposition des Adjektivs im kanadischen Französisch durch das englische Adstrat bedingt – in Belgien, wo dieses Phänomen ebenfalls attestiert ist, könnte ebenfalls ein Adstrat (flämische Dialekte) verantwortlich gemacht werden, der Einfluß des pikardischen Substrats[10] ist aber auch nicht auszuschließen.

Anhand des letzten Beispiels läßt sich auch eine Schwäche dieser Beschreibungsmatrix zeigen, denn die Kategorien „Archaismus" und „Dialektalismus" sind nicht in aller Schärfe zu trennen. Die Voranstellung in Belgien könnte im Hinblick auf die Sprachgeschichte zweifelsohne auch als Archaismus klassifiziert werden, ebenso wie die größere Vitalität des Passé simple im français régional des Midi. Und selbst „Dialektalismus" und „Innovation" – Kategorien, die sich auf den ersten Blick zu widersprechen scheinen – können sich überlappen, wenn z.B. ein im dialektalen Substrat angelegtes Bildungsprinzip in moderner Zeit produktiv wird – also eine Innovation gegenüber dem Standardfranzösischen begründet.

Im Hinblick auf diese Einwände scheint es sinnvoller, die einfachere Klassifizierung nach den betroffenen Sprachebenen zu privilegieren (phonologische bzw. phonetische, lexikalische, morpho-syntaktische, syntaktische Merkmale) und die Zuordnung zu den obigen Kategorien nur im gesicherten Einzelfall durchzuführen.

Daß bei dieser Form der Beschreibung das Hauptaugenmerk auf der Differenzqualität der regionalen oder nationalen Varietäten liegt, darf natürlich nicht darüber hinwegtäuschen, daß sowohl zwischen den einzelnen Varietäten selbst als auch zwischen ihnen und dem hexagonalen Französisch bedeutend mehr Übereinstimmungen als Unterschiede existieren. Dem Untersuchungsgegenstand zweifellos angemessener wäre es, die einzelnen Varietäten als autonome Größen zu behandeln und exhaustiv zu beschreiben (vgl. CORBEIL 1982; 1984), zumal dabei auch die Frage nach dem Stellenwert der Partikularitäten für die Sprecher selbst gestellt werden könnte.

---

[10] Auch im Pikardischen selbst wirken die flämischen Dialekte (als Adstrat).

Arbeitsaufgaben:

1. Konfrontieren Sie französische Muttersprachler Ihres Umfeldes mit den in Kap. 2.3 zitierten Beispielen: Sind sie in der Lage, die Merkmale geographisch zu situieren? Wie werden sie von ihnen beurteilt? Glauben Sie, daß Germanophone Regionalismen des Deutschen besser zuordnen können?
2. Informieren Sie sich in Michael Clyne (Hg.): Pluricentric Languages. Differing Norms in Different Nations. Berlin/New York: de Gruyter, 1992 über den Status der außereuropäischen Varietäten anderer europäischer Kultursprachen (z.B. Englisch, Spanisch und Portugiesisch).
3. Lesen Sie in BALDINGER 1961 den Diskussionsbeitrag von Charles Bruneau und im Vergleich dazu MÜLLER 1975, 116f. Wie definiert Bruneau „mot régional"? Gibt es einen Widerspruch zu Bodo Müllers Auffassung vom Verhältnis Gemeinsprache - français régional? Achten Sie bei der Lektüre der folgenden Kapitel darauf, ob die Definition von Bruneau in so genereller Form aufrecht erhalten werden kann.

3. Typologie der frankophonen Gebiete

3.1 Tradition vs. Expansion

Aus historischer Perspektive betrachtet, müssen in der Frankophonie zwei Bereiche unterschieden werden:
1. Jene Gebiete, in denen das Französische bzw. typologisch zum Französischen zu zählende Dialekte in ungebrochener Kontinuität existieren;
2. Gebiete ohne französische Kontinuität, d.h. Expansionsgebiete der französischen Sprache.

Zur ersten Gruppe zählen die Suisse romande, der französischsprachige Teil von Belgien (Wallonien) aber ohne Brüssel, das Aosta-Tal und selbstverständlich Frankreich selbst. Allerdings streng genommen nur der nördlich der französisch-okzitanischen Sprachgrenze gelegene Teil; der Midi ist historisch gesehen ebenfalls Expansionsgebiet.[11] Dieselbe Einschränkung gilt für Gebiete Nordfrankreichs, in denen eine langue ethnique heimisch ist (Bretagne, Elsaß, Flandern).

Expansionsgebiet im engeren Sinn ist die gesamte außereuropäische Frankophonie: Québec, Schwarzafrika, Maghreb, die bei Frankreich verbliebenen Reste des ehemaligen Kolonialreiches,[12] sowie Luxemburg, das eigentlich deutsches Sprachgebiet ist.

Am besten lassen sich die Modalitäten der Expansion mit Hilfe der vier Begriffe *superposition, importation, rayonnement culturel* und *implantation* (vgl. BAL 1977, 8f.) beschreiben:

- *superposition*: Das Französische übernimmt in einem eigentlich fremdsprachigen Gebiet aus politisch-historischen Gründen die höheren Domänen (Wirtschaft, Verwaltung, Handel, internationale Beziehungen, Medien etc.). Dies war der Fall im ehemaligen französischen bzw. belgischen Kolonialreich in Schwarzafrika, wo auch in geringerem Maße die *importation* eine Rolle gespielt hat.

---

[11] Die Expansion des Französischen im Midi beginnt bereits im 13. Jahrhundert, im Zuge der Albigenserkriege (1208 - 1229). Zu Details vgl. z.B. BRUN 1973 (1923) u. BRUN 1935.

[12] Heute entweder DOM (Départements d'outre-mer: *Guadeloupe, Martinique, Guyane française, La Réunion*), TOM (Territoires d'outre-mer: *Polynésie française, Wallis-et-Futuna, Nouvelle Calédonie, Terres australes et antarctiques*) oder sog. Collectivités territoriales (*St. Pierre-et-Miquelon, Mayotte*).

- *implantation*: In jenen Gebieten Frankreichs, wo eine langue ethnique verdrängt wurde, führte die Expansion (als *superposition*) zur *implantation*, d.h. das Französische wird Muttersprache eines größeren Teils der Bevölkerung.

- *importation*: Die sprachliche Expansion fußt - wie z.B. im Fall von Québec, den Antillen oder Louisiana - auf einer Bevölkerungsbewegung.

- *rayonnement culturel*: Aufgrund des Prestiges wird das Französische von Nicht-Muttersprachlern, meist Angehörigen höherer Gesellschaftsschichten, verwendet. Im Fremdsprachenunterricht der betreffenden Länder genießt es einen besonderen Stellenwert.

Offensichtlich ist, daß die Formen der Expansion zu unterschiedlich starker Verwurzelung des Französischen geführt haben: Außerhalb Frankreichs führte etwa die *importation*, insbesondere wenn sie wie in Québec von einem großen Bevölkerungswachstum begleitet wurde, zu stabileren Verhältnissen als das *rayonnement culturel*.

3.1.1 Exkurs: Die internationale Vorherrschaft des Französischen

Mit Ausnahme der militärischen Ausbreitung in England (ab 1066; Französisch als Amtssprache bis ins 14. Jahrhundert), Palästina (Kreuzzüge: von Bedeutung vor allem der vierte mit der Eroberung Konstantinopels im Jahre 1204 und der Etablierung verschiedener lateinischer Königreiche) und Italien (Herrschaft des Hauses Anjou im Königreich Neapel, 13. Jhdt.), basiert die Expansion des Französischen im Hochmittelalter auf dem früh erreichten Prestige seiner Literatur. In Italien hatte sie besondere Strahlkraft: Bevor ab dem 14. Jahrhundert mit Dante, Petrarca und Boccaccio massiv die volkssprachliche Literaturproduktion einsetzt, werden Texte entweder auf Okzitanisch („Troubadours": Lanfranco Cigala, Sordello da Goito u.a.), Altfranzösisch (Martino Canale: Chronique des Véniciens; Brunetto Latini: Li livres dou tresor; Marco Polo: Devisement du Monde; 1298/99 von Rustichello da Pisa schriftlich festgehalten) oder in einer (ober-)italienisch-französischen Mischsprache, dem sog. Franko-Italienischen, verfaßt (produktive Rezeption von Themen und Motiven der französischen Heldenepik im Norditalien des 13. Jhdt.s). Die Rezeption der ma. französischen Literatur im deutschen Sprachraum (Pfaffe Konrad, Hartmann v. Aue, Wolfram v. Eschenbach, Gottfried v. Straßburg) hat noch heute spürbare sprachliche Folgen (Lehnwörter, Übernahme der Infinitivendung *-ieren* etc.).

Ab dem 17. Jahrhundert wird das Französische die *lingua franca* des europäischen Adels, zunächst in Mitteleuropa, im 18. und 19. Jahrhundert auch in Osteuropa (Polen, Rußland, Rumänien). Das ist das Zeitalter der Universalität des Französischen. In Flandern beispielsweise wird Französisch die Bildungssprache der gesellschaftlichen Eliten – ein Prozeß, der übrigens schon im Mittelalter beginnt – und bleibt es z.T. bis ins 20. Jahrhundert. Die Frankophilie Rumäniens - Bukarest wurde gern als „Klein-Paris" bezeichnet - führt dazu, daß das Französische im 19. und 20. Jahrhundert die wichtigste Quelle für die Modernisierung der Sprache wird.
Als Sprache des Adels übernimmt das Französische ab dem 18. Jahrhundert die Domäne der internationalen Beziehungen und der Diplomatie (zuvor: Latein) – z.T. auch dann, wenn die beteiligten Partner nicht frankophon sind oder sogar dieselbe Sprache verwenden könnten! Erst als im 20. Jahrhundert die USA zu *der* beherrschenden Macht werden, ändert sich diese Situation zu Gunsten des Englischen. Wahrscheinlich ist es dem Entstehen neuer frankophoner Staaten in Schwarzafrika zu verdanken, daß das Englische nicht gänzlich die Oberhand gewonnen hat.
Ein besonderes Prestige genießt das Französische heute in den ehemaligen Besitzungen Frankreichs im Nahen Osten (Libanon, Syrien: Protektorate bis 1920) und in Asien: Pondichéry (Indien; mit offiziellem Status) und Indochina, wo das ehemalige Mutterland besonderes Augenmerk auf die Französierung und ein konfliktfreies Zusammenleben mit den heimischen Eliten gelegt hatte. Die Frankophonie Luxemburgs beruht ebenfalls u.a. auf dem Prestige des Französischen [vgl. Kap. 4.4].

3.2 Alltagssprache vs. Verkehrssprache

Neben dieser Kategorisierung nach den Kriterien *Tradition* vs. *Expansion* scheint es auch sinnvoll, die Frage nach der Funktion des Französischen in den jeweiligen Ländern bzw. Gesellschaften zu stellen (vgl. VALDMAN 1979; 1983). Dabei ist von drei Grundsituationen auszugehen:

- Das Französische ausschließlich als Verkehrssprache (*langue véhiculaire*), während in den nicht offiziellen Domänen andere Sprachen verwendet werden: Dieses Szenario ist die Regel in den 18 frankophonen Staaten Schwarzafrikas, wobei das Französische z.T. in Konkurrenz zu autochthonen Verkehrssprachen steht. Die Situation ist zudem nicht statisch; in einigen Staaten zeichnen sich Tendenzen zur Vernakularisation des Französischen ab, da es für Teile der Bevölkerung zur Alltagssprache wird. Den Status der Verkehrssprache hat das Französische auch in Luxemburg; auch dort ist davon auszugehen, daß das Französische in Domänen des Privaten vordringt [s. Kap. 4.4]. Bis zur Unabhängigkeit der Maghreb-Staaten[13] [s. Kap. 6.2] war auch dort das Französische alleinige Verkehrssprache; seither wird es in dieser Rolle zunehmend vom Arabischen konkurrenziert und mittelfristig möglicherweise auf den Status einer (privilegierten) Fremdsprache reduziert werden.

- Das Französische bzw. eine geographische Varietät als Alltagssprache (*langue vernaculaire,* Volkssprache) und eine andere Sprache als Verkehrssprache: Dies gilt für das Französische in Kanada außerhalb von Québec (Acadie, Ontario), für die französischen Sprachinseln in den USA (Neu-England-Staaten), aber auch für Louisiana sowie das Aosta-Tal, wo das Französische de jure offiziellen Status hat.

- Das Französische als Alltags- und Standardsprache: Frankreich, Wallonien, Suisse romande. Diese Gebiete werden manchmal als die *première francophonie* bezeichnet.

3.3 „Status" und „Corpus"

Eine Weiterentwicklung der Klassifikation von Valdman stellt jene von Robert Chaudenson dar; er beschreibt die Situation der frankophonen Gebiete als Zusammenspiel der Faktoren „Status" und „Corpus", wobei er diese von H. Kloss im Zusammenhang mit Sprachplanung geprägten Begriffe neu definiert.

„Status" umfaßt bei Chaudenson nicht nur die rechtliche Situation (Verwendung als offizielle Sprache, im Unterricht usw.), sondern auch den Gebrauch des Französischen in den Medien und den Stellenwert im Arbeitsleben (ermöglicht z.B. der Gebrauch des Französischen Zugang zu höherqualifizierten Arbeitsplätzen oder spielt das keine Rolle?), d.h. den Aspekt der Funktion in der jeweiligen Sprachgemeinschaft. Unter „Corpus" werden ebenfalls verschiedene Variablen zusammengefaßt: Formen des Erwerbs des Französischen, Grad der Vernakularisation, sprachliche Kompetenz, Grad des aktiven Gebrauch des Französischen (in Kontrast zum Gebrauch eventueller anderer Sprachen) und Ausmaß des passiven Gebrauchs („consommation langagière").
Mit Hilfe einer quantitativen Bewertung der die Faktoren Status und Corpus bildenden Variablen (und Sub-Variablen) gelangt man zu einem Koordinatensystem:

---

[13] Tunesien und Marokko: 1956; Algerien: 1962

Graphik 1: Représentation graphique des situations de francophonie (vgl. CHAUDENSON 1993, 362)

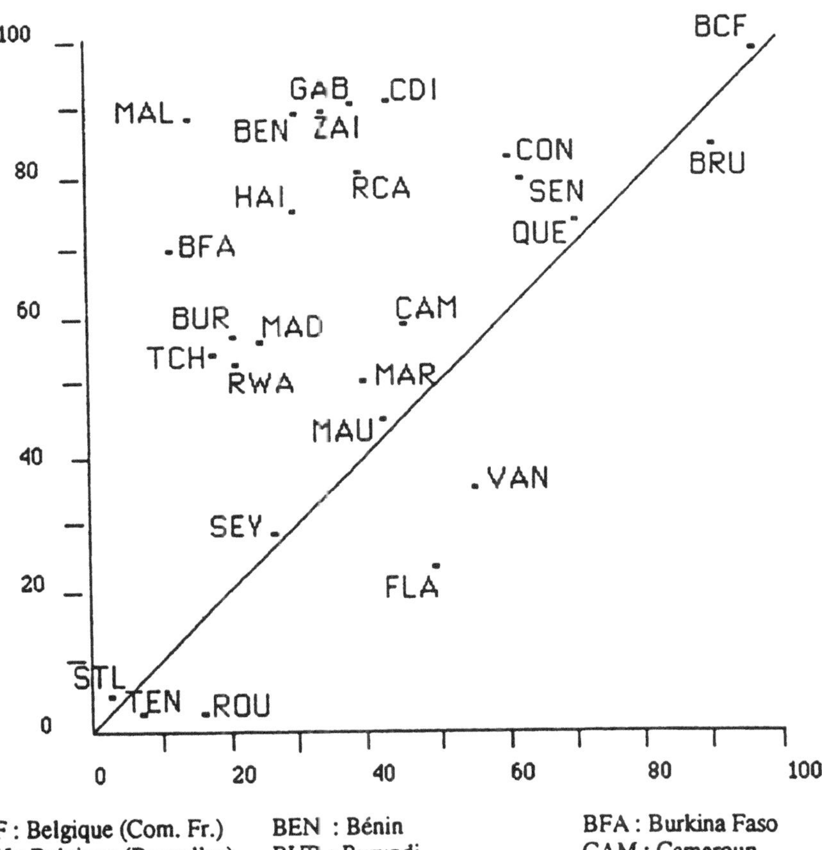

BCF : Belgique (Com. Fr.)	BEN : Bénin	BFA : Burkina Faso
BRU : Belgique (Bruxelles)	BUR : Burundi	CAM : Cameroun
CDI : Côte d'Ivoire	CON : Congo	FLA : Flandre
GAB : Gabon	HAI : Haïti	MAD : Madagascar
MAL : Mali	MAR : Maroc	MAU : Maurice
QUE : Canada (Québec)	RCA : Rép. Centre Africaine	ROU Roumanie
RWA : Rwanda	SEN Sénégal	SEY : Seychelles
STL : Sainte-Lucie	TCH : Tchad	TEN : Canada (Terre N.)
VAN : Vanuatu	ZAI : Zaïre	

(vertikale Achse: Status; horizontale Achse: Corpus)

Daß sich z.B. die meisten frankophonen afrikanischen Staaten im linken oberen Eck befinden, erklärt sich aus der zwar starken Präsenz und Funktionalität des Französischen in diesen Ländern, allerdings ist das

Französische im Bereich „Corpus“ schwach: wenige muttersprachliche Sprecher, geringe Kompetenz, Verkehrssprache, quantitativ schwacher aktiver und passiver Gebrauch etc.

4. Die europäische Frankophonie

4.1 Schweiz

4.1.1 Rechtlicher Status, Sprecherzahlen

Der Status des Französischen in der Schweiz ist doppelt definiert; im Art. 116 der Schweizer Bundesverfassung aus dem Jahre 1938 (revidiert 1996) heißt es:

> „1. Deutsch, Französisch, Italienisch und Rätoromanisch sind die Landessprachen der Schweiz."
> 2. Bund und Kantone fördern die Verständigung und den Austausch unter den Sprachgemeinschaften.
> 3. Der Bund unterstützt Maßnahmen der Kantone Graubünden und Tessin zur Erhaltung und Förderung der rätoromanischen und der italienischen Sprache.
> 4. Amtssprachen des Bundes sind Deutsch, Französisch und Italienisch. Im Verkehr mit Personen rätoromanischer Sprache ist auch Rätoromanisch Amtssprache des Bundes. Das Gesetz regelt die Einzelheiten." (zit. n. KOLDE/NÄF 1996, 408f.)

Aus dem Absatz 1 dieses Textes resultiert in der Praxis die Aufteilung in drei territorial abgegrenzte Sprachgebiete, für die - auch wenn es nicht explizit in der Verfassung verankert ist - das sog. *Territorialitätsprinzip* gilt. Das bedeutet, daß die Sprachzonen - einer oder mehrere Kantone - grundsätzlich einsprachig sind und anderssprachige Bürger der Schweiz in diesen Gebieten keine wie immer gearteten Sonderrechte genießen (Assimilationszwang). Welche Sprache(n) in einem Kanton offiziellen Status hat (haben), regelt der jeweilige Kanton in Alleinverantwortung.
Von den 23 Kantonen (+ 3 Halbkantone) sind

Aargau, Appenzell, Basel, Glarus, Luzern, Sankt Gallen, Schaffhausen, Schwyz, Solothurn, Thurgau, Unterwalden, Uri, Zug und Zürich deutschsprachig; Genève, Jura, Neuchâtel und Vaud französischsprachig. In drei Kantonen herrscht deutsch-französische Zweisprachigkeit - Bern (mehrheitlich deutsch), Freiburg/Fribourg (mehrheitlich französisch), Wallis/Valais (mehrheitlich franz.) - ; im Kanton Graubünden haben

Deutsch, Italienisch und Rätoromanisch offiziellen Status,[14] und im Tessin das Italienische.

Karte 1: Die Schweiz mit Sprachgebieten

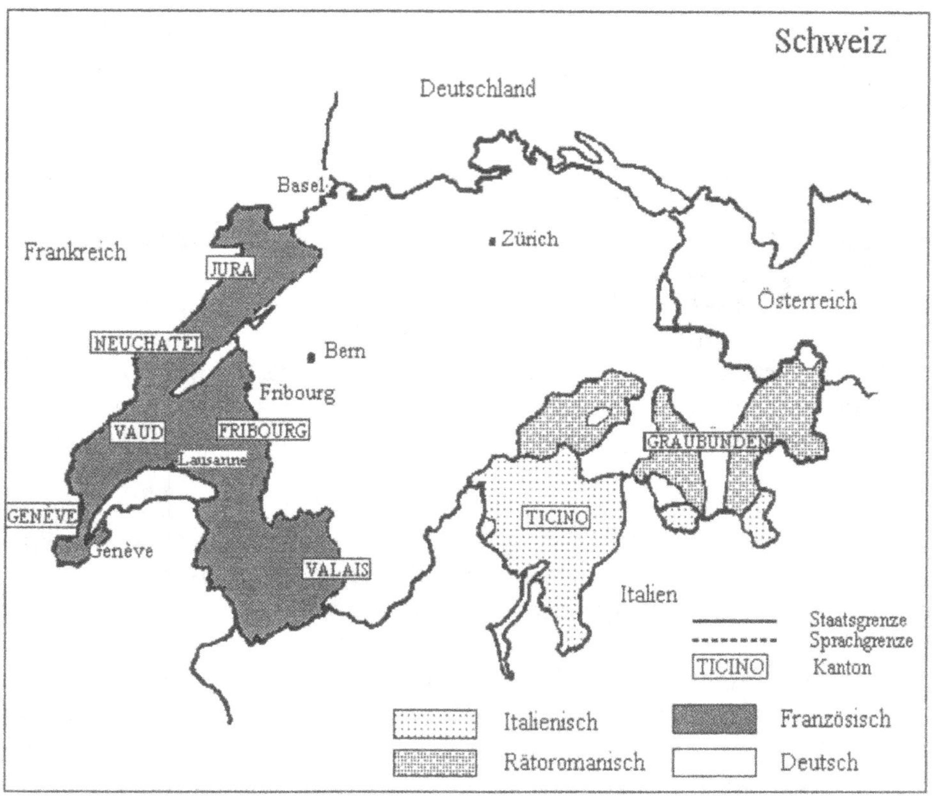

Unter der Bezeichnung *Suisse romande* bzw. *Romandie* werden die französischsprachigen Gebiete (und nur diese, auch wenn das Adjektiv *romand* vielleicht etwas anderes vermuten läßt!) zusammengefaßt; die deutschsprachige Schweiz [15] wird von frankophoner Seite als *Suisse alémanique,*

---

[14] In den zweisprachigen Kantonen herrscht wiederum eine klare territoriale Zuschreibung; im Kanton Graubünden fallen Sprachregelungen in die Kompetenz der Gemeinden.

[15] In der Schweiz selbst ist auch die Bezeichnung *Deutschschweiz* üblich. Die Suisse romande wird von Deutschschweizern auch als *Westschweiz/Welschschweiz* bezeichnet.

die gesamte romanischsprachige Schweiz gelegentlich als *Suisse latine* bezeichnet.

Der Absatz 4 regelt die sprachlichen Verhältnisse der Bürger zum Bund; jeder Schweizer kann im Verkehr mit Bundesbehörden eine der Amtssprachen verwenden und hat das Recht, eine Antwort in seiner (präsumtiven) Muttersprache zu erhalten. Das Rätoromanische war bis 1996 de jure ausgeschlossen;[16] de facto kam ihm aber auch schon davor ein ähnlicher Status zu. So waren und sind z.B. Schweizer Banknoten schon länger viersprachig, obwohl Währungsangelegenheiten ausschließlich Bundessache sind.

Im Jahre 1990 sprachen[17] – gemessen

an der Gesamtbevölkerung /	an Schweizer Staatsangehörigen –	
19,2 % (1980: 18,4%)	20,5 % (1980: 20,1%)	Französisch
63,6 % (1980: 65 %)	73,4 % (1980: 73,50 %)	Deutsch
7,6 % (1980: 9,8%)	4,1 % (1980: 4,5%)	Italienisch
0,6 % (1980: 0,6%)	0,7 % (1980: 0,9 %)	Rätoromanisch
8,9 % (1980: 6 %)	1,3 % (1980: 1 %)	andere Sprachen

Bei einer Gesamtbevölkerung von etwa 6,8 Mio. ist von rund **1,3 Mio. Frankophonen** auszugehen. Im Vergleich mit den Zahlen von 1980 fällt auf, daß das Französische prozentuell an Sprechern zunimmt: Zuzug aus dem benachbarten Frankreich und die schnellere Assimilation von Deutschsprachigen und Italophonen sind dafür verantwortlich zu machen. In den deutschsprachigen Kantonen wirkt der überwiegende Gebrauch des Schweizerdeutschen hemmend auf die Assimilierung Anderssprachiger.

4.1.2 Die Entstehung des Sprachraumes

Das Gebiet nördlich und südlich der Ostalpen wurde ab der Mitte des 1. Jahrhunderts v. Chr. romanisiert. Ausgangspunkt dabei war Lugdunum (> Lyon). Die keltische Bevölkerung war aber bereits im Zuge der Eroberung der Provinica Narbonensis (121 v. Chr.), deren nördlichster Punkt die Stadt Genf war, mit den Römern in Berührung gekommen. Als sich

[16] Es galt im bis 1996 gültigen Text der Verfassung nur als *Nationalsprache* (jetzt *Landessprache*), nicht aber als *Amtssprache*.

[17] Quelle: EIDGEN. DEPT. 1989; KOLDE/NÄF 1996, 388

die Helveter 58 v. Chr. nach Gallien hin ausbreiten wollten, wurden sie von Cäsar gestoppt und in ihr altes Siedlungsgebiet zurückgedrängt. Mit dem Sieg über die Räter unter Augustus (15 v. Chr.) beginnt die Romanisierung auch in der östlichen Provinz Rätien - der Westteil der heutigen Schweiz gehörte zur Provinz Gallia belgica -, wo sie beträchtlich länger dauerte als im verkehrstechnisch gut angebundenen Westen.

Die römische Herrschaft, die formal bis ins 5. Jahrhundert währte, war allerdings bereits im 3. Jahrhundert nach Christus gefährdet: Die den Limes germanicus überschreitenden Alemannen konnten zwar unter Caracalla zunächst noch zurückgeworfen werden, die Grenze bildete aber bald nicht mehr der Limes sondern der Rhein. Nachdem die Römer um 400 alle Truppen über die Alpen zurückziehen mußten, siedelten sie im Jahre 443 den germanischen Stamm der Burgunder im Raum um Genf an. Schnell assimiliert, hinterließen die Burgunder und ihre Sprache als Superstrat nur wenige Spuren im Romanischen der Westschweiz.

Ende des 5. Jahrhunderts beginnt die Landnahme der Alemannen; zunächst stoßen sie nach Norden und Westen vor, werden dort aber von den Franken gestoppt (496: Niederlage gegen Chlodwig/frz. Clovis). Ihr Ausweichgebiet wird der Süden (= der heutige Ostteil der Schweiz), wo sich die dort ansässige romanische Bevölkerung allmählich assimiliert.

Im Nordbereich der heutigen deutsch-französischen Sprachgrenze stoßen sie rasch auf dichter romanisch besiedeltes Gebiet und breiten sich weiter nach Süden aus, wo zwischen Bieler-, Neuenburger- und Genfersee ein gemischtsprachiges Gebiet entsteht. Während im Norden - begünstigt durch die kirchenadministrative Teilung in Bistum Lausanne und Bistum Konstanz (um 750, Grenze war die Aare) eine klare Sprachgrenze entsteht, ergibt sich die Grenze im Süden (bis hin zu den Alpen) erst allmählich durch das Zusammenrücken der Siedlungsgebiete. Im Gebiet östlich des Genfer Sees ist die germanisch-romanische Sprachgrenze im 12. und 13. Jahrhundert ausgebildet und erfährt bis zur Gegenwart nur mehr minimale Veränderungen.

Im 8. Jahrhundert dringen die Alemannen auch ins untere Wallis vor, wo sich im 9. Jahrhundert erste Bruchstücke der Sprachgrenze abzeichnen.

Die weitere Geschichte des Gebietes der heutige Schweiz ist jene der 1291 gegründeten Eidgenossenschaft, die trotz Aufnahme romanischsprachiger Bündnispartner formal bis 1798 dominant deutschsprachig war. Die Besetzung durch die französische Armee und die darauf folgende Gleichstellung aller Bürger in der kurzlebigen „Helvetischen Republik" (1798 - 1814) führte zur dreisprachigen Schweiz, aus der mit der Verfassung von 1848 das Land in seiner heutigen Form hervorging.

4.1.3 Genese und Physiognomie des Französischen in der Schweiz

Die Suisse romande gehört - dialektologisch betrachtet - zwei galloromanischen Sprachtypen an. Ein kleiner Fleck im Norden (Jura) ist typologisch nordfranzösisch (*domaine d'oïl*), der überwiegende Teil hat als dialektales Substrat das Frankoprovenzalische. Dieser neben dem Nordfranzösischen und Okzitanischen (Provenzalisch; *domaine d'oc*) dritte galloromanische Sprachtypus ist ein wissenschaftliches Konstrukt und wurde 1873 von G. I. Ascoli erstmals beschrieben. Im Unterschied zu ersteren hat er bei den Sprechern selbst keine identitätsmäßige Verankerung, zumal es weder eine mit dem Sprachraum deckungsgleiche politische Entität noch eine ausgeprägte schriftliche Tradition gegeben hat. Dieser Umstand tut jedoch der linguistischen Sonderstellung innerhalb der Galloromania keinen Abbruch.

Die Bezeichnung als solche ist schon sprechend: In der Tat steht das Frankoprovenzalische (ursprünglich mit Bindestrich geschrieben) zwischen dem Nordfranzösischen und dem Okzitanischen. In einigen Merkmalen geht es mit dem Französischen, in anderen bewahrt es den älteren okzitanischen Lautstand.
Als Leitmerkmale gelten:

- betontes lat. A nach Palatal wird wie im Französischen zu [e] bzw. [ie]: MERCATU > frpr. [martʃie] / frz. marché
- lat. A in anderen Positionen bleibt erhalten (Gemeinsamkeit mit dem Okzitanischen, Divergenz zum Französischen): PRATU > frpr. [pra]/okzit. prat vs. frz. pré

Hinzu kommen noch ein paar andere Charakteristika, wie die nur zum Teil erfolgte Palatalisierung von Ū > [y] (vgl. LUGDUN*UM* > Ly*on* vs. AUGUSTODUN*UM* > Au*tun*), der Erhalt älterer Lautstände bei der Palatalisierung von C[a] (z.B. CAMPU > [tsã]), die bessere Konservierung der auslautenden Vokale, besonders nach schwerer Konsonanz[18] (z.B. ALTERU > frpr. altro), und dadurch kein genereller Oxytonismus (wie im Französischen), da nach der betonten Silbe eine weitere folgt. Auf der folgenden Karte wird die Verbreitung dieser Merkmale in den Dialekten der Suisse romande dargestellt. Datenquelle sind die „Tableaux phonétiques des patois suisses romands" (TPPSR):

---

[18] Darunter versteht man das Zusammentreffen mehrerer Konsonanten - oft durch Synkopen bedingt.

Karte 2: Kombiniertes Auftreten von Merkmalen des Frankoprovenzalischen

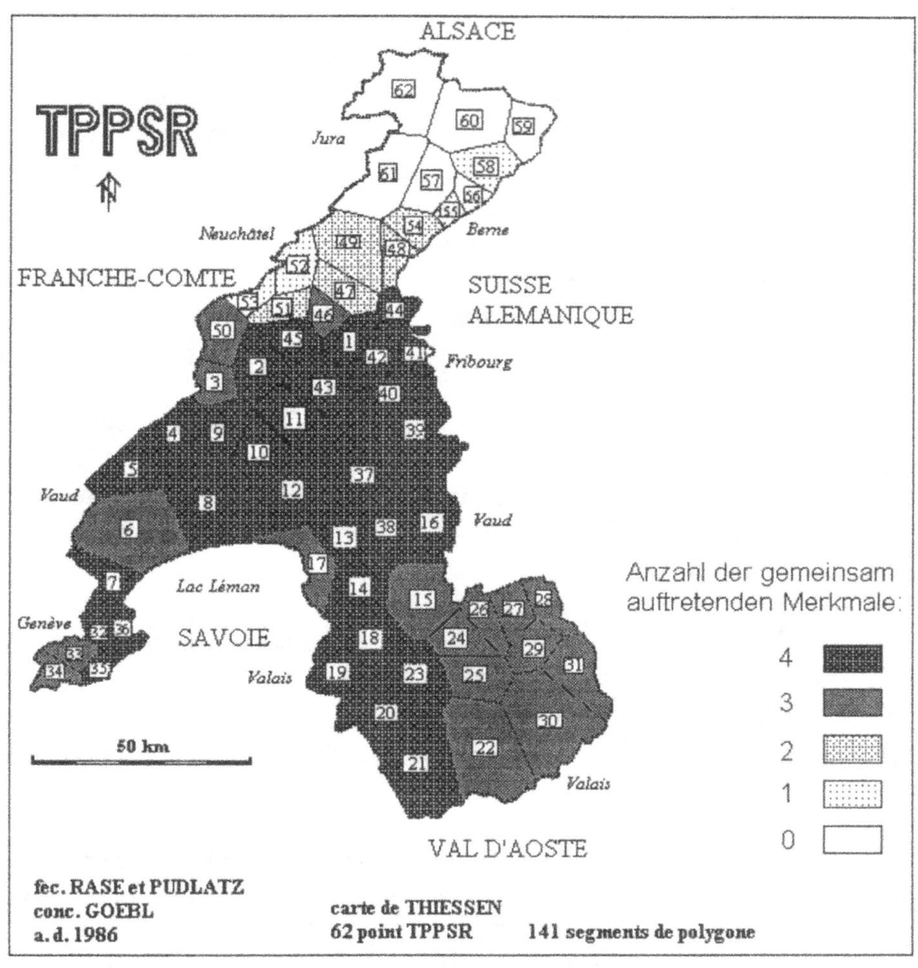

Merkmale:

1. TPPSR 5: Ū in MATŪRA > [ɔ̃]
   bzw. 252: Ū in ŪNU > [ɔ̃]
2. TPPSR 56: Cª in CAMPU > [ts]/[θ]
3. TPPSR 57: á[in PRATU > [a]
4. TPPSR 141: -u in ALT'RU > [u]/[o]

Das Verbreitungsgebiet des Frankoprovenzalischen umfaßt nicht nur die Suisse romande, sondern auch das angrenzende Lyonnais, den Südteil der Franche-Comté, Savoyen, Ain, Forez und in Italien das Aosta-Tal.

Für die Herausbildung des frankoprovenzalischen Sprachraums dürfte die spezifische Latinität des Raums um Lugdunum (vgl. GARDETTE 1971) und das Bestehen eines eigenen Staatsverbandes, des Burgunderreiches, in dieser Gegend verantwortlich gewesen sein. Die Sprache der Burgunder als Superstrat dürfte hingegen kaum eine Rolle gespielt haben.

Heute ist vom Frankoprovenzalischen (und den nordfranzösischen Dialekten) kaum mehr etwas zu spüren. Der Anteil der *patoisants* an der Bevölkerung der Romandie liegt unter 2 % (vgl. KNECHT 1982, 177), Tendenz sinkend. Die wenigen Dialektsprecher sind tendenziell männlich, gehören der älteren Generation an und wohnen in mehrheitlich katholischen Kantonen (Valais, Friboug, Jura). Die Kantone mit starken protestantischen Bevölkerungsanteilen (Genève, Neuchâtel, Jura bernois) sind weitgehend entdialektalisiert.

Die Ausrichtung an der Sprache des größeren Nachbarn beginnt bereits im Hochmittelalter; ab der Mitte des 13. Jahrhunderts steht die Schriftkultur unter dem Einfluß des Französischen, das das Latein langsam ablöst. Im Bereich der gesprochenen Sprache markiert die Reformation den Wendepunkt: Calvin (1509 - 1564) und seine protestantische Kolonie in Genf, die im Zuge der Religionskriege flüchtenden Hugenotten und natürlich die volkssprachliche Bibel, die zur häuslichen Lektüre diente, tragen zur Entdialektalisierung der urbanen Zonen bei. In der zweiten Hälfte des 18. Jahrhunderts vollzieht sich in Genf, Lausanne und Neuchâtel der Übergang zum Französischen als spontaner Umgangssprache, während auf dem Land weiterhin Dialekte gesprochen werden. Belege aus der 2. Hälfte des 17. Jahrhunderts bezeugen die Vitalität der Dialekte außerhalb der größeren Städte; damals war es kaum möglich, sich auf dem Land auf Französisch verständlich zu machen (vgl. SPICHIGER 1985, 25). Erst nach der französischen Revolution, deren Ideologie auch in der Romandie übernommen wird (Fortschrittsglaube, Verunglimpfung der *patois* als der intellektuellen Entwicklung hinderlich etc.), geraten die Dialekte in Gefahr: Analog zu Frankreich entwickelt sich eine nicht minder aggressive „chasse aux patois"; so ist im „Règlement général des écoles primaires" (1886) des Kantons Freiburg folgendes zu lesen:

> „L'usage du patois est sévèrement interdit dans les écoles; la langue française et l'allemand grammatical (Schriftdeutsch) sont seuls admis dans l'enseignement. Les instituteurs veillent à ce qu'il en soit de même en dehors de l'école et dans les conversations entre enfants." (zit. n. SPICHIGER 1985, 26)

Reste der patois begegnen gegenwärtig nur mehr im *français régional,* das kurioserweise umso mehr Regionalismen aufweist, je früher die Ablösung der Dialekte begonnen hat (vgl. VOILLAT 1971, 235): Wenn im 19. Jahrhundert der patois von einer bestimmten Sprechergruppe aufgegeben wurde, trat an seine Stelle das im Umfeld schon existierende français régional; wird heute der Dialekt aufgegeben, ersetzt ihn eher das Standardfranzösische. Ein Nebeneinander von Dialekt und Regionalfranzösisch existiert kaum mehr.

Doch auch das Regionalfranzösische ist rückläufig; von dem reichen Inventar, das W. Pierrehumbert in seinem „Dictionnaire du parler neuchâtelois et suisse romand" (1926) zusammengetragen hat, ist der überwiegende Teil bereits aus dem aktuellen Sprachgebrauch verschwunden.

Im folgenden behandeln wir die Spezifika des Regionalfranzösischen nach den verschiedenen Sprachebenen. Das Hauptaugenmerk liegt dabei auf den noch lebendigen Eigenheiten; Elemente, die bereits im Verschwinden begriffen sind, werden durch das Zeichen (↓) gekennzeichnet. Die Synthese basiert auf VOILLAT 1971, KNECHT 1984 und 1985, LENGERT 1994 sowie eigenen Beobachtungen:

• Phonetik (bzw. Phonologie)/Prosodie:

Das Schweizer Französisch bewahrt phonologische Oppositionen, die im Standard seit dem 19. Jahrhundert aufgegeben wurden, z.B. die Opposition [o]/[ɔ] und [e]/[ɛ] im Auslaut:
pot [pɔ] vs. *peau* [po], *sot* [sɔ] vs. *seau* [so], *je pourrai* [puʀe] vs *je pourrais* [puʀɛ].
Schriftinduzierte Ausspracheunterschiede (*spelling pronunciation*) treten im Bereich der Auslautkonsonanten auf (auch im frç. pop. belegt), z.B. *alamanach* [-k], auch wenn im Dialekt die entsprechenden Wörter keinen gesprochenen Auslautkonsonanten aufweisen.
Zu den auffälligsten Merkmalen zählt die Aufhebung des generalisierten Oxytonismus, d.h. manche Schweizer Frankophone betonen Silben innerhalb von „groupes rythmiques", ohne daß damit aber eine besondere Ausdrucksabsicht verbunden wäre.[19] Der von einer älteren Sprecherin bei einem Fernsehinterview geäußerte Satz:

---

[19] Vgl. MALMBERG (1964, 91 u. 93): „En français, c'est toujours la dernière syllabe prononcée du groupe qui est la plus forte et qui porte l'accent principal. [...] Même dans les langues où la place de l'accent est réglée, comme en français, il est

„[...] à domicile, ça demande quand même passablement d'engagement dans un domaine qu'on n'a pas appris"
trägt z.B. folgende Akzente:
[a'domisilsadmɑ̃dkɑ̃mɛmpasabləmɑ̃dɑ̃gaʒ'mɑ̃dɑ̃zɛ̃'domɛnkɔnapaa'pʀi]
Es handelt sich hier nicht um Französisch mit alemannischem Akzent, sondern um die Wirkung des frankoprovenzalischen Substrats.

• Morphologie:

Im Franz. der Romandie kann bei Wörtern auf *-ée* eine Markierung des Femininums hörbar werden: *craquée* [kʀake:j], *éreintée* [eʀɛ̃nte:j] (Dialektalismus).
Die beiden Beispielwörter sind zugleich Belege für die hohe Produktivität des eigentlichen Kollektivsuffixes *-ée* (< -ATA), das in den patois zur Bildung von nomina agentis verwendet wurde. Im fr.r. drückt es besondere Intensität aus und hat oft auch noch übertragene Bedeutungen: *éreintée* „grande fatigue", „volée de coups", „grande quantité (↓); *craquée* „craquement", „grande quantité"; *gonflée* „grande quantité de nourriture ou de boisson ingérée", „forte ivresse".

Mit eher bedeutungsarmen Verben bilden substantivierte Partizipien im Femininum Funktionsverbgefüge: *donner une assommée à qn - assommer qn.; pousser des gueulées - gueuler.*

Die Bildung des periphrastischen Futurs erfolgt nicht nur wie in der Norm mit *aller*, sondern kommt auch mit *vouloir* als Hilfsverb vor: *il veut pleuvoir* „il va pleuvoir". Dieser Bildungstyp ist auch in anderen peripheren Gebieten der Romania attestiert (Wallonien, Rumänien).

• Morphosyntax:

Höhere Frequenz der Verbindung Verb + Adverb in der Funktion einer Präpositionalphrase:
fr.r./fr.st. *il lui saute dessus* vs. fr.r. *il me copie dessus.*
fr. st. *le chien s'est jeté sur moi* vs. fr. r. *le chien m'est venu contre*
Im Standardfranz. sind diese Verbindungen stark eingeschränkt. Manche Verbindungen sind im fr.r. lexikalisiert: *aller loin* „partir", *mettre loin* „jeter" usw. Im hexagonalen Sprachgebrauch sind sie eher selten (z.B. *mettre dehors*).

---

pourtant parfois possible de se servir d'un accent d'intensité pour exprimer l'emphase ou l'affectation. Cet accent est dit accent d'insistance et implique la mise en relief d'une autre syllabe que celle qui porte normalement l'accent."

Auf frankoprovenzalischem Substrat - und nicht auf deutschen Adstrateinfluß, wie oft behauptet wird - beruht die Stellung der Negationspartikel *personne*: *je n'ai personne vu* (↓).

• Lexikon:

Neben der Phonetik/Phonologie ist der Wortschatz jener Bereich, in dem sich Regionales am deutlichsten erkennen läßt. Dabei ist zwischen zwei Gruppen von lexikalischen Besonderheiten zu unterscheiden:
a) jene, die u.U. als punktuelle dialektale Einsprengsel im Inneren der Suisse romande ein sehr enges Verbreitungsgebiet haben (Hausrat, landwirtschaftl. Geräte, Landschaftsformen u.ä.) oder auch in den angrenzenden französischen Regionen vorkommen. FRÉCHET/MARTIN 1993 haben z.B. eine ganze Reihe der in den großen Wörterbüchern TLF und GR als „Helvetismen" ausgewiesenen Wörter auf ihre Verbreitung außerhalb der Suisse romande hin untersucht. Dabei zeigte sich, daß manche Lexeme in mehreren französischen Regionen vorkommen, vielfach im gesamten frankoprovenzalischen Raum. In manchen Fällen haben sie außerhalb der Suisse romande sogar ein bedeutend größeres Verbreitungsgebiet. Beispiele: *fion* „remarque, allusion blessante", *panosse* „serpillière, torchon", *tacon* „pièce d'étoffe servant à raccommoder les vêtements", *guillon* „fausset du tonneau", *dédite* „dédit, congé" etc.

b) solche regionalen Wörter und Ausdrucke, deren Verbreitungsgebiet mit der politischen Grenze korreliert - die sog. *Statalismen*[20]. Dazu gehören selbstverständlich alle Benennungen und Bedeutungsunterschiede, die aus anderen politischen, administrativen u.ä. Gegebenheiten resultieren, wie etwa:

canton „l'un des États-membres de la Confédération helvétique" (F: „division territoriale de l'arrondissement")
case postale „boîte postale" (*case postale* ist übrigens die ältere Bezeichnung; es handelt sich um eine Schweizer Erfindung)
numéro postal „code postal"
syndic/président „maire"
bourgeoisie „droit de citoyenneté dans une commune"

---

[20] Vgl. POHL 1984, 262: „Tout fait de signification ou de comportement, observable dans un pays, et qui soit arrêté ou nettement raréfié au passage d'une frontière". In der Literatur wird der Begriff primär für Lexikalisches verwendet.

gymnase „lycée" (F: „salle de sport")
conseiller fédéral „ministre"
maturité „examen équivalent au baccalauréat français"

Typisch schweizerisch sind aber auch viele Wörter aus dem Gemeinwortschatz; manche bezeichnen Realia:

dé „branche de sapin"
pruneau „quetsche" (F: „prune séchée")
eau dentaire „bain de bouche"
cornettes „espèces de pâtes alimentaires" (Lehnübersetzung v. *Hörnli*)
ramassoire „pelle à poussière, à ordures"
coter (une porte) „fermer à clé"
pression „tension artérielle"
livret „table de multiplication"
pive „pomme de sapin" (Dial.)
s'encoubler „trébucher, buter contre qc." (Dial.)
présentement „actuellement, maintenant" (↓)
nonne „religieuse" (F.: ironisierend bzw. veraltet)

Frequenzielle Helvetismen sind z.B.:
septante/nonante „soixante-dix"/"quatre-vingt-dix" (auch in Frankreich belegt, aber dort sehr selten; Archaismus)
dîner „déjeuner" (die *vorabsolutistische* Gliederung des Wortfeldes der Mahlzeiten ist in F praktisch verschwunden; Archaismus)
soulier / brun nach VOILLAT 1971 häufiger als *chaussure / marron* (in F umgekehrt)

Ein besonders problematisches Kapitel des Schweizer Französisch ist der deutsche bzw. alemannische Adstrateinfluß. Daß angesichts einer jahrhundertelangen Nachbarschaft sprachliche Einflüsse nicht ausbleiben können, wird nicht verwundern; auffallend ist aber die Heftigkeit, mit der gegen wirkliche oder vermeintliche Germanismen zu Felde gezogen wird. Hier spielt der im 19. Jahrhundert aus Frankreich übernommene Topos von der „Deformation" des Französischen (entweder durch die *patois* oder andere „fremde" Einflüsse) eine große Rolle (siehe unten).

4.1.4 Sprachbewertung

Die Einstellung der frankophonen Schweizer zu ihrer Sprache ist geprägt von einem Widerspruch, der am besten mit dem folgenden Bonmot von Pierre Knecht umschrieben werden kann: Die Romandie sei „une France politiquement suisse ou une Suisse linguistiquement française" (KNECHT 1979, 249). Die Probleme, die es mit sich bringt, eine Sprache zu sprechen, die die Nationalsprache eines anderen Staates ist, sind dabei nicht an sich typisch schweizerisch, erfahren aber im Kontext der frankophonen Welt ihre besondere Ausprägung.

Wie andere periphere Sprachteilhaber wurden die Romands auf das Pariser Französisch und die von ihm vehikulierten Werte eingeschworen, und ihre kulturelle Identität ist eindeutig französisch - als Angehörige eines anderen Staates verspüren sie aber das (natürliche) Bedürfnis, eine eigene sprachliche und kulturelle Identität zu pflegen. Dies spiegelt sich ganz deutlich in den Einstellungen zum regionalen Französisch: So hat eine Untersuchung ergeben, daß Sprecher mit regionaler Färbung auf der affektiven Ebene eindeutig positiv bewertet werden („sympathisch"), Informanten andererseits davon ausgehen, Sprecher ohne regionalen Akzent übten die prestigeträchtigeren Berufe aus und stünden in der sozialen Hierarchie höher (vgl. DE PIETRO 1995, 232)! Die Gespaltenheit resultiert ganz offensichtlich aus einer

> „difficulté à concevoir son identité en accord avec ses pratiques quotidiennes effectives, avec sa situation réelle, de manière indépendante par rapport aux relations de domination [...] qu'on entretient avec ses voisins." (DE PIETRO 1995, 234)

Die Markierung der eigenen Identität geschieht zum Beispiel durch gezielten Einsatz von Regionalismen: *septante* und *nonante* sind die wohl bekanntesten sprachlichen Embleme in der Romandie.

Die zweite wichtige Komponente in der Sprachbewertung der frankophonen Schweizer ist die vermeintliche Bedrohung durch das Deutsche, die z.T. zur „sprachlichen Unterwanderung" oder „schleichenden Germanisierung" (*germanisation rampante*) hochstilisiert wird. Das angeblich kontaminierte Französisch wird als „français fédéral" stigmatisiert; ursprünglich für schlechtes Französisch verwendet (entweder aus der Feder [deutschsprachiger] Bundesbeamter oder als Produkt achtloser Übersetzer), muß dieses Etikett heute immer herhalten, wenn der Einfluß der Nachbarsprache vermutet wird (vgl. KNECHT 1982, 201).

Von der zweifelsohne nicht unerheblichen Anzahl von gesicherten Germanismen, geben wir hier nur eine kleine Auswahl:
attendre sur *qn* (< *auf* jmd. warten), *s'intéresser pour qc.*, *il viendra déjà* (*déjà* mit der Semantik der dt. Modalpartikel *schon*), *catelle* (< Kachel; „Ofenkachel"), *benzine* (< Benzin; ↓), *action* „Sonderangebot, z.B. im Supermarkt" (< Aktion, F: „promotion").

Darüberhinaus wird von Puristen alles angeprangert, was auch nur im entferntesten den Anschein des deutschen Einflusses hat, so z.B.:
je n'ai personne vu („deutsche" Stellung der Negationspartikel: frankoprov. Substrat, nicht dt. Adstrat), *aider à qn.* (indirektes Objekt sei Reflex des dt. Dativ: Archaismus, belegt u.a. bei La Fontaine und Marivaux), *demander après qn.* (Archaismus), Konstruktion Verb + Adverb (*avoir qc. contre; venir avec;* Archaismus), häufigere Verwendung des *passé surcomposé* oder auch die Bildung des periphrastischen Futurs mit *vouloir.*

Die beiden letzten Beispiele zeugen dabei von der völligen Unkenntnis der sprachlichen Verhältnisse des behaupteten Adstrats, da im Deutschen weder ein den *temps surcomposés* vergleichbares Vergangenheitstempus existiert, noch das deutsche Futur mit *wollen* gebildet wird.

Signifikativ für die Sprachbewertung in der Suisse romande ist eine Untersuchung, die mit rund 100 französischsprachigen Versuchspersonen aus Neuchâtel durchgeführt wurde (DE PIETRO/MATTHEY 1993, DE PIETRO 1995). Die Informanten waren u.a. dazu angehalten, die Akzeptabilität lexikalischer Elemente (frç. st., fr. r., Anglizismen, Germanismen) in formellen („examen oral de français") und informellen („conversation entre amis francophones") Situationen zu bewerten:

Graphik 2: Evaluation par des locuteurs neuchâtelois (n=107), sur une échelle de 1 à 7, de l'acceptabilité d'expressions diverses (1 = inacceptable; 7 = tout à fait acceptable) (aus DE PIETRO 1995, 239)

	situation informelle	situation formelle
français „standard"		
aider quelqu'un	6,4	5,9
trébucher	6,35	6
anglicismes		
weekend	6,5	5,3
walkman	6,2	4,2
régionalismes		
septante	6,7	6,5
souper	6,3	5,3
s'encoubler	5,6	3,4
fricasse	5,5	2,1
cramine	5,2	1,9
fions	4,9	2,0
il a eu coupé	4,4	2,9
on a personne vu	3,3	2,1
il veut pleuvoir	2,8	1,5
allemand/suisse allemand		
schuss	5,6	2,8
schwyzertütsch	4,5	2,1
benzine	4,4	3,1
visiter quelqu'un	2,8	1,9
s'intéresser pour	2,1	1,4
spielgruppe	1,5	1,2
items ambigus		
catelle	6,1	4,2
Je vais *lui aider*	3,2	1,8
perçu comme:		
„germanisme"	2	
„régionalisme"	4,5	

Arbeitsaufgaben:

1. Die folgenden (authentischen!) Texte verdienen wahrscheinlich zu Recht das Etikett „français fédéral"; kommentieren Sie sie aus der Perspektive des Pariser Sprachgebrauchs.

a) *Dès le premier bain-crème F, aussi une peau sèche retrouve finesse et souplesse* (Werbeslogan, zit. n. DE PIETRO 1995, 238).

b) *Mesdames, Messieurs,*

En espérant de pouvoir vous donner, de même qu'aux étudiants et à d'autres lecteurs intéressés une impression de la création littéraire actuelle en Suisse, nous avons de nouveau le plaisir de vous faire don de ces livres d'auteurs suisses.

Pour savoir si vous êtes intéressés de reçevoir un prochain envoi de parutions nouvelles d'auteurs suisses nous vous prions d'accuser réception des livres reçus. Autrement nous nous voyons obligé de rayer votre adresse de la liste des déstinataires.

Veuillez agréer, Mesdames, Messieurs, l'expression de nos sentiments distingués.

(Begleitbrief zu einer Bücherspende der Stiftung Pro Helvetia an das Institut f. Romanistik der Univ. Salzburg)

2. Vergleichen Sie Matth. 18, 21 - 22 in älteren und neueren französischen Bibeln (wenn es möglich ist, ein solches Korpus zu erstellen)! Was fällt Ihnen auf ? Wie ist die Veränderung ästhetisch zu werten?

3. Informieren Sie sich in Albert Dauzat: Histoire de la langue française. Payot, 1930 über die Entstehung der Unterschiede beim *Wortfeld der Mahlzeiten im Französischen.*

4. Konsultieren Sie das *FEW* (Walther v. Wartburg: Französisches etymologisches Wörterbuch. Bd. 10. Basel: Zbinden, 1962), um die Etymologie und Bedeutung von *romand* bzw. *romanz/roman(t)* herauszufinden. Woher kommt das *-d* bei *romand*?

4.2 Aosta-Tal

4.2.1 Soziolinguistische Situation und rechtlicher Status

Das Aosta-Tal ist die kleinste der fünf autonomen Regionen (Aosta, Trentino/Südtirol, Friaul/Julisch Venetien, Sardinien, Sizilien) Italiens, zu dem es seit 1860 gehört. In dem Hochalpental im Dreiländereck Frankreich, Italien und Schweiz leben rund 116.000 Menschen. Die Mehrheit der autochthonen Valdostaner spricht als Muttersprache einen frankoprovenzalischen Dialekt, der im Unterschied zu den Dialekten der Suisse romande und Südostfrankreich noch sehr lebendig ist.

Karte 3: Aosta-Tal mit angrenzenden Staaten

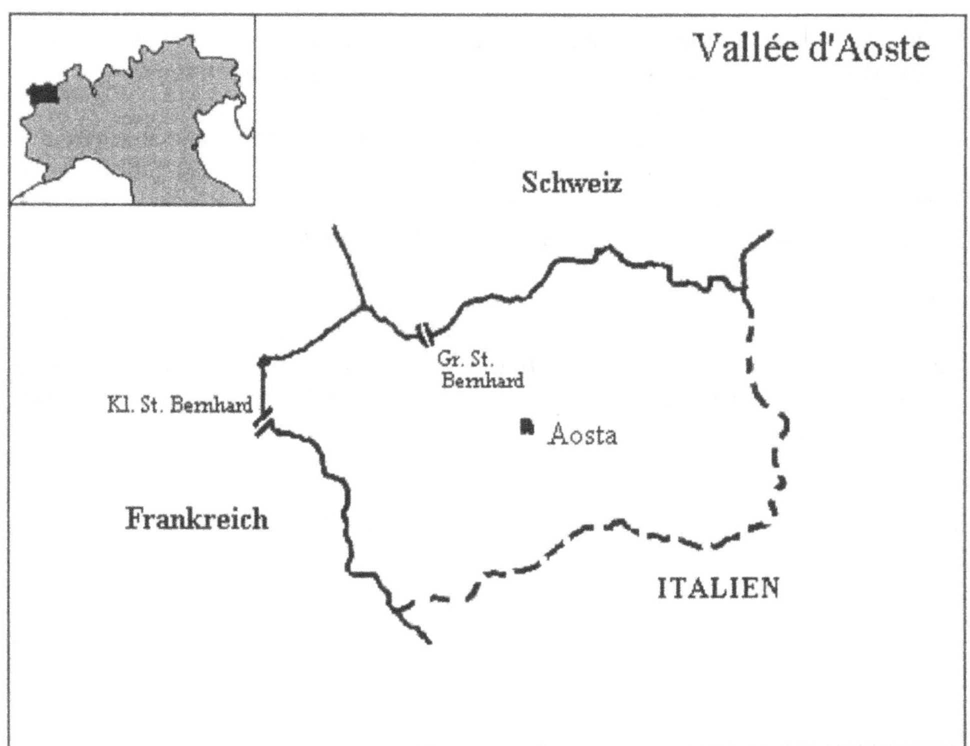

Das Französische wird nur von sehr wenigen tatsächlich verwendet – der RAPPORT 1990 des *Haut conseil de la Francophonie* nennt 12.000 Frankophone (?). Seit 1948 ist es ko-offiziell mit dem Italienischen (nicht jedoch der Dialekt); der Art. 38 des Autonomiestatuts legt fest, daß das Französische und das Italienische „à parité" seien, offizielle Texte in einer der beiden Sprachen abgefaßt werden können (Ausnahme: Rechtswesen ausschließlich Italienisch), und bei der Bestellung von Beamten solche zu bevorzugen seien, die entweder aus der Region stammen oder das Französische beherrschen.

Während der Dialekt deutlich in den privaten Domänen dominiert (Familie, Kontakte mit Freunden), ist er im öffentlichen Raum kaum verankert: Kontakte mit Behörden, formelle Kommunikation bzw. sprachliche Kontakte mit in ihrer sprachlichen Zugehörigkeit nicht einschätzbaren Gesprächspartnern bedingen fast automatisch das Italienische. Generell tendieren Frauen eher zum Italienischen, Männer sind in stärkerem Ausmaß Dialektsprecher.

In wenigen Bereichen der öffentlichen Sprachverwendung kann das Französische die andere offizielle Sprache konkurrenzieren, ohne sie jedoch zu verdrängen; tatsächliche kommunikative Funktionen hat das Französische im Tourismus, in der Schule und z.B. bei Bewerbungen (vgl. BAUER 1995, 295).

Die faktische Gleichstellung in den Schulen, die ebenfalls im Autonomiestatut festgeschrieben ist (gleiche Stundenanzahl für Französisch und Italienisch; Möglichkeit, das Französische als Unterrichtssprache zu verwenden), begann erst in den 80er Jahren, zunächst im Kindergarten und im Elementarbereich, ab Anfang der 90er Jahre auch im Sekundarbereich.

Ob die Aufwertung des Französischen in der Schule zum Aufschwung des Französischen beitragen kann, bleibt mehr als fraglich: „La portée des programmes se trouve singulièrement réduite par le faible usage fonctionnel du français dans la région et ce, même dans la pratique extrascolaire des enseignants" (KASBARIAN 1993, 342). Die Schule bleibt im wesentlichen der einzige Ort, wo „obligatorische Sprechanlässe" geschaffen werden (JABLONKA 1994, 185).

Die Medien sind italienisch dominiert; einsprachig französische Tageszeitungen existieren nicht, und Radio und Fernsehen senden mehrheitlich auf Italienisch. Allerdings können France 2 und ein Sender der Suisse romande empfangen werden.

Die Verwendung des Französischen außerhalb der wenigen Domänen, in denen es üblicherweise seinen (eingeschränkten) Platz hat, ist meist politisch-ideologisch motiviert: Der Gebrauch des Französischen wird – bei Verfechtern der Autonomie – bewußt zur Demonstration der Frankophonie des Aosta-Tals eingesetzt (vgl. JABLONKA 1994, 184).

4.2.2 Die politisch-historischen Gründe der heutigen Sprachsituation

Das Gebiet des heutigen Aosta-Tals und der dort lebende Stamm der Salasser wurden 25 v. Chr. unterworfen und in der Folge romanisiert; *Aosta* geht auf den Namen der Kolonie *Augusta Praetoria Salassorum* zurück. Nach dem Untergang des römischen Reiches geht Aosta 575 erstmals an das Frankenreich, womit die Ausrichtung zur Galloromania hin fixiert ist. Bis 1032, als das Haus Savoyen die Herrschaft übernimmt, gehört das Aosta-Tal zunächst zum Mittelreich Lothars, dann zu einem der daraus entstandenen burgundischen Königreiche (Hochburgund) und gerät schließlich in den Einflußbereich des Deutschen Reiches. Im Jahre 1191 erhält das Aosta-Tal vom Haus Savoyen weitgehende Autonomierechte, ab dem 15. Jhdt. eine eigene Regierung und im Jahre 1572 einen eigenen Straf- und Zivilrechtskodex. Sprachpolitisch von besonderer Bedeutung ist das Jahr 1561, in dem der Savoyer-Herzog Emmanuel-Philibert das Französische zur alleinigen offiziellen Sprache erhebt. Bis 1860, dem Jahr, in dem die frankophonen Gebiete Savoyen und Nizza an Frankreich gehen, Aosta aber zu Italien kommt, ist das Französische die unangefochtene Dachsprache. Mit der Eingliederung in den gerade entstandenen italienischen Staat verliert das Aosta-Tal auch alle noch verbliebenen Sonderrechte (deren es z.T. schon im 18. Jahrhundert verlustig gegangen war). Ab diesem Zeitpunkt wird das Französische sukzessive aus allen öffentlichen Domänen verdrängt; die Italianisierungspolitik des jungen Nationalstaates führt dazu, daß u.a. der Französischunterricht in den Volksschulen verboten wird (1883/84), und erreicht unter dem faschistischen Regime (1922 - 1945) seinen Höhepunkt: Verbot öffentlicher Beschilderung auf Französisch, jeglicher Form des Französischunterrichts und der französischsprachigen Presse, Italianisierung der Verwaltung (Grundbuch, Melderegister; ab 1925), der Straßennamen und Toponyme. In einem weiteren Schritt war sogar die Italianisierung der Familiennamen vorgesehen, was aufgrund des Kriegsausbruchs jedoch nicht mehr durchgeführt wurde.

Zusätzlich verschlechterte sich die Situation des Französischen noch durch die Abwanderung vieler Valdostaner nach der Trennung von Savoyen und den massiven Zustrom von Italienern (aus Venetien und dem Piemont), vor allem in der Zeit des Faschismus. Von 1921 bis 1936 hat so die Zahl der Einwohner der Stadt Aosta um 80 % zugenommen (1921: 9.554; 1936: 16.130; vgl. ZANOTTO 1980, 244).

Im ab September 1943 auch von deutschen Truppen besetzten Aosta-Tal bildeten sich Résistance-Gruppen, die sich z.T. für die Sezession von Italien und den Anschluß an Frankreich einsetzten. Von französischer Seite (General de Gaulle) wurden diese Bestrebungen gutgeheißen und trugen wesentlich zur Bereitschaft Italiens bei, dem Aosta-Tal im Jahre 1948 sein Autonomiestatut zu gewähren.

4.2.3 Erscheinungsformen des Französischen

Das Französische begegnet im Aosta-Tal in zwei klar voneinander abgegrenzten Formen: Ein dem Standard nahes Französisch wird von denjenigen, die für die Berufsausübung (Tourismus, Journalisten, Übersetzer, Lehrer) eine spezifische Kompetenz erworben haben, verwendet. Auch Reimmigranten und deren Kinder mit französischer Muttersprache gehören zu dieser Gruppe (vgl. JABLONKA 1994, 185).

Die andere Form und ihre Sprecher sind gekennzeichnet von den Auswirkungen der Triglossiesituation mit dem Italienischen und dem Dialekt. Der moderne französische Wortschatz, wie er beispielsweise zur Bezeichnung von elektronischen Geräten benötigt wird, existiert nicht; Neubildungen werden vom Italienischen gespeist: *le stéreo* (< *lo stereo*) statt *la chaîne hifi*, *le régistrateur* (< *il registratore*) statt *le magnétophone* usw. (Bsp. bei JABLONKA 1994, 187). Da es sich beim Französischen im Aosta-Tal um „eine mittelmäßig bis gut beherrschte Fremdsprache" (BAUER 1995, 263) handelt, fehlt natürlich auch das hexagonale Substandardvokabular.

Im Bereich der Phonetik/Phonologie fällt die Bewahrung der Opposition [e]/[ɛ] (z.B. in *forêt*, *mais*) auf, was aber nicht unbedingt als Archaismus zu interpretieren ist, sondern durch den Erwerbskontext (Schule!) hinreichend erklärt werden kann. Nasalvokale sind häufig schwächer als im Standardfranzösischen und schwinden manchmal völlig: *revendiquer* [ʀəvɛndike], *intéressant* [inteʀesan]. Auch das Auftreten eines konsonantischen Elements ist zu beobachten: *poing* [pwɛ̃g] (vgl. MARTIN 1979; KASBARIAN 1993).

Was Abweichungen der Syntax betrifft – etwa Unterschiede in der Verwendung der Pronomina (z.B. Ausfall des Subjektspronomens) oder Präpositionen (*en le passé*, ...) – ist es schwierig, die genaue Ursache zu bestimmen; neben den Einflüssen der schwach divergierenden Kontaktsprachen dürfen auch Defizienzen beim Erwerb nicht gänzlich außer acht gelassen werden.

Auch die Pragmatik ist vom Einfluß der Kontaktsprachen betroffen: *pronto* statt *allô* beim Telefonieren, *plaisir* (< *piacere*, Stützung durch Dialekteinfluß) statt *enchanté*, *boh!* statt *bon/eh bien* usw. (JABLONKA 1994, 189ff.).

Arbeitsaufgabe:

1. Die *Ordonnance de Villers-Cotterêts* (1539) des französischen Königs François I. und das Dekret von Emmanuel Philibert (1561) werden häufig in einem Atemzug genannt. Vergleichen Sie die beiden Texte und finden Sie heraus, inwieweit sich die Sprachsituation im jeweiligen Einflußbereich der beiden Herrscher unterscheidet. Was war die eigentliche Motivation, das Französische zur Amtssprache zu machen?

Die Texte sind (u.a.) zu finden in:

Wolf, Lothar: Texte und Dokumente zur französischen Sprachgeschichte. 16. Jahrhundert. Tübingen: Niemeyer, 1969

Martin, Jean-Pierre: Aperçu historique de la langue française en Vallée d'Aoste. Aosta: Tradition et Progrès, 1982, S. 33

4.3 Belgien

4.3.1 Rechtlicher Status, Sprecherzahlen, Entstehung des Bundesstaates und der modernen Sprachgrenze

Das Französische hat in Belgien in der Region Wallonien alleinigen offiziellen Status; es herrscht dort - ganz ähnlich wie in der Schweiz - das Territorialitätsprinzip. Dasselbe gilt analog für die Region Flandern, in der ausschließlich das Niederländische (bzw. regionale Varietäten, die unter dem Begriff *Flämisch* subsumiert werden) Amtssprache ist. Die Hauptstadt Brüssel (Région de Bruxelles-Capitale) ist offiziell zweisprachig, verfügt also über einen besonderen Status, da sie auf flämischem Gebiet liegt, aber mehrheitlich französischsprachig ist (ca. 85-90% Frankophone).[21] In der Region Wallonien gibt es darüberhinaus eine deutschsprachige Minderheit (ca. 65.000 Sprecher), die nach dem 1. Weltkrieg zu Belgien kam. Von den knapp 10 Mio. Einwohnern Belgiens sind rund **4 Mio. frankophon**: 3,2 Mio. in Wallonien, etwa 800.000 in Brüssel.[22]

Belgien ist heute ein ausgeprägt föderalistischer Staat (Verfassungsreformen 1970, 1980, 1988 und 1993) und besteht aus 3 Regionen (Wallonien, Flandern, Brüssel) und 3 sog. *Communautés (Communauté française, Communauté flamande, Communauté germanophone*) mit je eigenen Kompetenzen. Da sich die *Région* und die *Communauté flamande* im Jahre 1980 vereinigt haben (*Vlaamse Raad*), besteht Belgien, den Bundesstaat mitgerechnet, aus 6 Körperschaften, die ihre Politik in einem Comité de concertation koordinieren.

Die Ursache für diesen komplexen Staatsaufbau[23] liegt in den seit dem Bestehen Belgiens (1830) schwelenden und immer wieder neu ausbrechenden Konflikten zwischen den beiden großen Volksgruppen der Flamen und Wallonen. In dem nicht historisch gewachsenen Staatskonstrukt dominierten von Anfang an die Wallonen und somit das Französische;

---

[21] Anteil der auf Französisch abgefaßten offiziellen Dokumente: Geburtsurkunden - 87,6 %; Fernsehanmeldungen - 89 %; Einkommensteuererklärungen - 90,1 %; Heiratsurkunden - 94 % (Ch.-E. Lagasse, in *Le Monde* , 20/9/97, Supplément „Belgique, côté francophone").

[22] Diese Daten sind Schätzungen, da es seit 1947 keine Erhebung der Sprecherzahlen mehr gibt.

[23] Vgl. FRANCARD 1990b, 124: „La 'pacification linguistique' de l'Etat belge est, nous dit-on, à ce prix." Einen knappen Überblick über die Kompetenzen der einzelnen Körperschaften gibt GUÉRIVIÈRE 1994, 189 - 193. Interessant dazu auch: http://www.cfwb.be (Server der *Communauté française de Belgique*).

die Sprachgrenze war vor allem eine soziale: Französisch war die Sprache der wohlhabenden intellektuellen und wirtschaftlichen Eliten, Flämisch die Sprache der arbeitenden Masse. Die nach der Selbständigkeit eingeführte Freiheit der Sprachenwahl existierte nur auf dem Papier; daß die Rolle der Amtsprache dem Französischen zufallen würde, war eine Selbstverständlichkeit.

Karte 4: Belgien mit Sprachgebieten

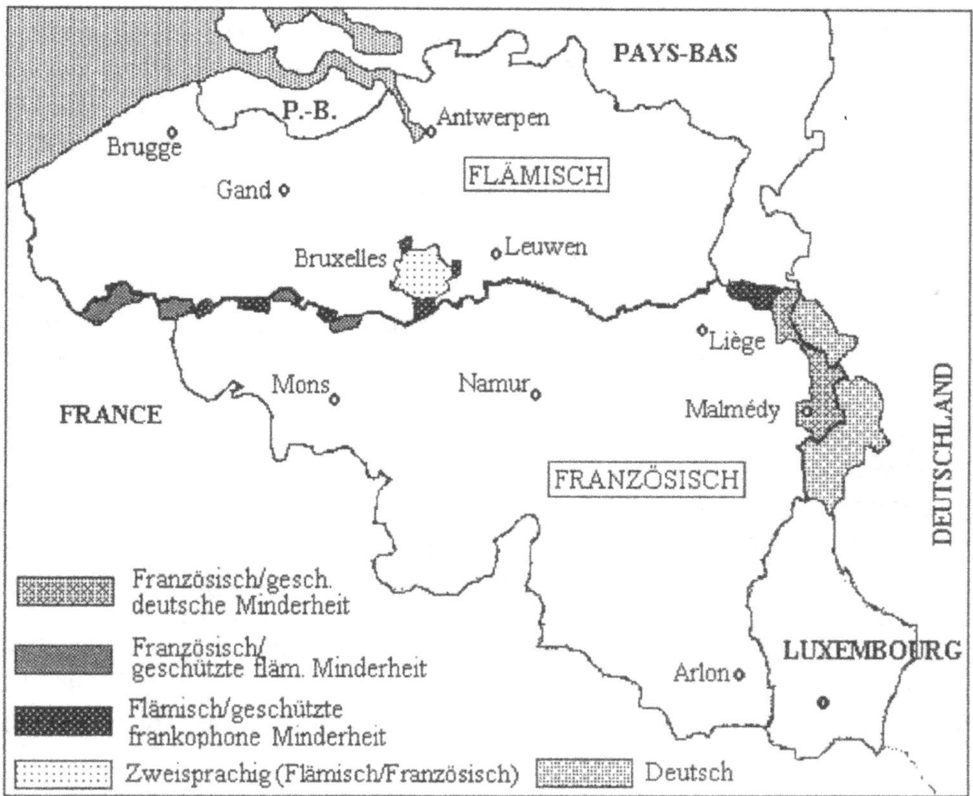

Schon Mitte des 19. Jahrhunderts regte sich von seiten der Flamen Widerstand gegen diese Benachteiligung. 1873 wurde die administrative Gleichstellung des Niederländischen in den flämischen Provinzen erreicht, d.h. das Niederländische wurde ko-offiziell (!), 1898 errang es den Status als offizielle Sprache. Es sollte allerdings noch bis zur Mitte des 20. Jahrhunderts dauern, bis es in allen öffentlichen Domänen gleichberechtigt war (vgl. ERFURT 1992).

Der erste große Schritt zur Regionalisierung erfolgte im Jahre 1932 mit der Festlegung der Sprachgrenze, die allerdings noch nicht dauerhaft fixiert wurde. Erst in den Jahren 1962 und 1963 wird sie nach massivem Druck der Flamen endgültig festgelegt und weitestgehend den tatsächlichen sprachlichen Verhältnissen angepaßt (Abtausch von Gemeinden mit Schutzbestimmungen für die Minderheiten). Einen besonderen Problemfall stellte Brüssel dar, das seit dem 16. Jahrhundert immer mehr französiert wurde. Im 19. Jahrhundert wechselten auch viele flämische Zuwanderer zum Französischen, um bessere Aufstiegschancen zu haben. Durch Bevölkerungswachstum und stetig steigende Französierung griff Brüssel zum großen Unmut der Flamen immer mehr auf das umliegende flämische Territorium aus: 1963 wurden die Umlandgemeinden unter flämische Verwaltung gestellt und 6 Gemeinden mit besonders hohem Anteil an frankophoner Bevölkerung Sonderrechte zugestanden (sog. *communes à facilités*). Von militanten Flamen wird diese Lösung nicht als befriedigend empfunden; immer wieder kommt es zu Zusammenstößen mit der französischsprachigen Bevölkerung.

4.3.2 Geschichte des Sprachraums: Von der Romanisierung zur Eigenstaatlichkeit

Der heute nordfranzösische und belgische Raum wird 51 v. Chr. unter Caesar erobert, als Provinz Gallia Belgica in das römische Reich eingegliedert und romanisiert. Die Ansiedlungen der Franken legen ab dem 5. Jahrhundert den Grundstein zur Herausbildung der germanisch-romanischen Sprachgrenze; während sie im Norden dominieren, gehen sie im Süden in der bevölkerungsmäßig stärkeren galloromanischen Bevölkerung auf.

Im Vertrag von Verdun (843) wird das Gebiet zwischen Ost- und Westfranken geteilt, ein Teil kommt also zum Ostreich und damit zur Germania. Zu einer großen kulturellen Blüte kommt es unter den Herzögen von Burgund (1384 - 1477). Durch Erbschaft geht das Reich an die Habsburger (Heirat v. Maria v. Burgund u. Maximilian I. im Jahre 1477); unter Karl V. (frz. *Charles Quint*, Regierungszeit 1519 - 1556) gehen die Gebiete des späteren Belgien und der Niederlande an die Spanischen Habsburger. In die Regentschaft seines Sohnes, Philipps II. von Spanien, der brutal den Protestantismus bekämpft, fällt die Herausbildung der späteren Nordgrenze Belgiens. Der südliche Teil, die sog. Spanischen Niederlande, gehen im Frieden von Rastatt (1714) an die österreichische

Linie des Hauses Habsburg, das bis zur Französischen Revolution herrscht. 1789 erklären sich die Vereinigten Belgischen Staaten für unabhängig, doch schon 1794 wird das Land von Frankreich besetzt und ein Teil der „France des 130 départements". Nach Napoleons Niederlage bei Waterloo wird Belgien auf dem Wiener Kongreß (1815) mit den Niederlanden und Luxemburg vereinigt.

Konfessionelle und sprachliche Differenzen verhindern allerdings ein konfliktfreies Zusammenleben; im August 1830 kommt es zu einer Volkserhebung und - nachdem auch ein Anschluß Walloniens an Frankreich erwogen wurde - im November desselben Jahres zur Proklamation der Unabhängigkeit und zur Schaffung einer konstitutionellen Monarchie.

4.3.3 Genese und Profil des belgischen Französisch

Obwohl der geographische und politische Terminus Wallonien etwas anderes suggeriert, liegen dem belgischen Französisch nicht nur das Wallonische (*wallon*), sondern noch drei weitere Dialekte als Substrate zugrunde: im Westen Walloniens das Pikardische (*picard*), im äußersten Süden das Lothringische (*lorrain*, auch *gaumais* genannt) und mit einem ganz kleinen Stück im Südwesten das Champagnische (*champenois*). Das Wallonische gliedert sich in die Kerndialekte *namurois/centre-wallon* und *liégeois/est-wallon;* das *wallo-picard* und das *wallo-lorrain* bilden Übergangszonen zum Pikardischen bzw. Lothringischen. Die folgende Karte zeigt die räumliche Verteilung der Dialekte:

Karte 5: Die dialektale Gliederung Walloniens

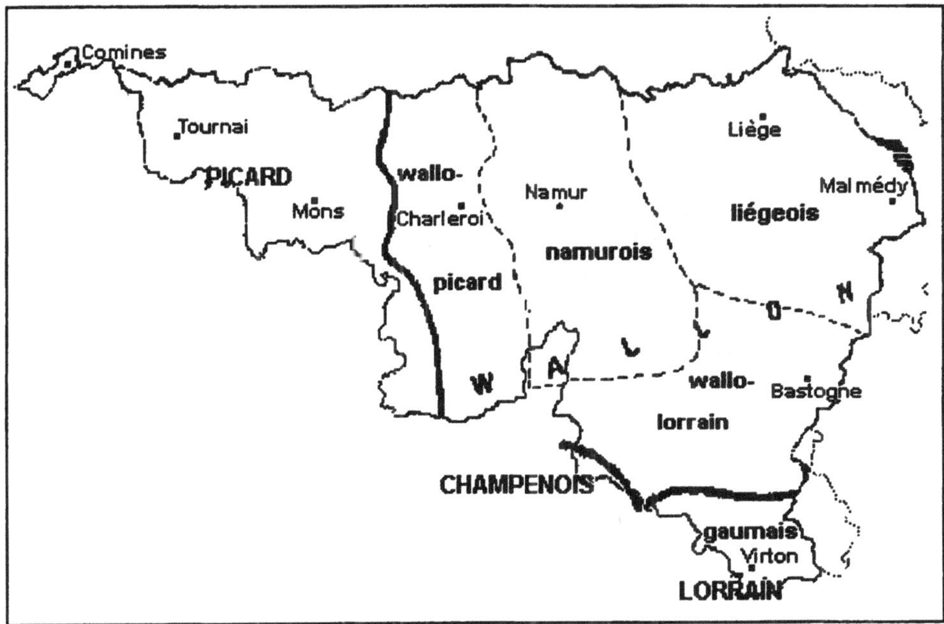

Im folgenden seien einige markante lautliche Merkmale des Pikardischen, des Wallonischen und des Lothringischen genannt (vgl. REMACLE 1992); für die nordfranzösischen Dialekte (Pik. u. Wall.) gilt generell, daß sie besonders archaisch sind:

Pikardisch:

- Erhalt von C^a und G^a (vs. Französisch: CAMPU > champ; GAMBA > jambe)
- Palatalisierung von C^{i,e} zu [tʃ] (vs. Französisch: CENTU > [sã] CIVITATE > [site])
- keine Palatalisierung von L + [j] im Auslaut: BUTTIC'LA > [butɛl] „bouteille"

Wallonisch:

- Palatalisierung von C^a zu [tʃ]
- Ŏ + [j] > [y] (statt Franz.: [ɥi] wie in *cuir*)
- Konservierung von lat. S vor Konsonant: SPINA > [spɛne]
- Für das *liégeois* gilt darüberhinaus noch: Erhalt des lat. Ū (keine Palatalisierung wie im Französischen: Ū > [y], z.B. FESTŪCUM >

[fistu] „fétu") und des *h aspiré* (frk. hagja > [hajə] „haie") vgl. auch BAL 1992).

Gaumais:
- -RS- > [ʃ]
- A + [j] > [a:] (Frz. [ɛ]: FACERE > faire)
- Denasalisierungen im Auslaut

Die Französierung der wallonischen Skripta beginnt bereits im 12. Jahrhundert; die untenstehende Graphik illustriert den zunehmenden Einfluß des Franzischen bzw. Französischen:

Graphik 3: Französierung der wallonischen Skripta

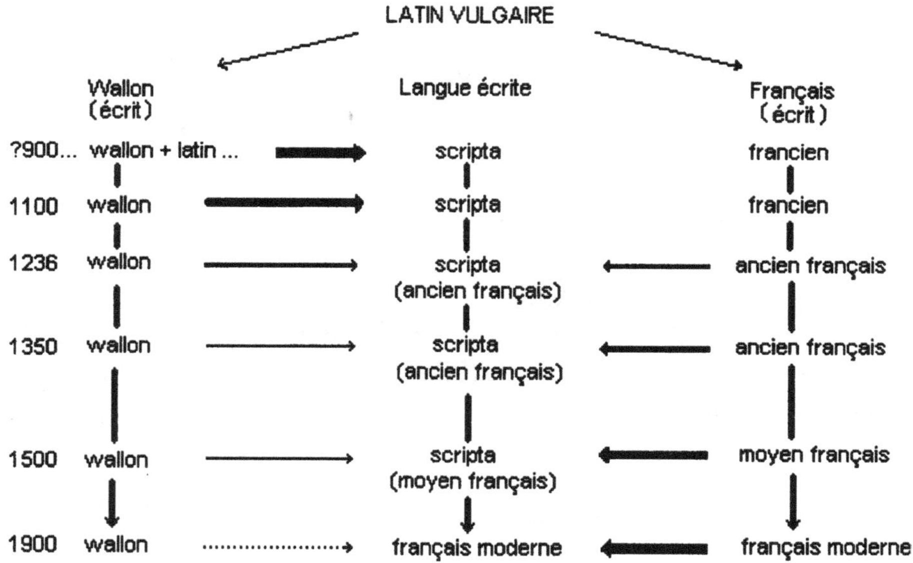

Was die gesprochene Sprache betrifft, kann man in urbanen Milieus von einer passiven Zweisprachigkeit Dialekt/Französisch ab der Renaissance ausgehen; seit dem 17. Jahrhundert tritt das Französische in der formellen Mündlichkeit in Konkurrenz zum Wallonischen. In ländlichen Gebieten bleiben die Dialekte jedoch bis zum Ende des 19. Jahrhunderts konkurrenzlos, was auch damit zusammenhängt, daß der Dialekt in Wallonien ein höheres Prestige genießt als in Frankreich oder der Suisse romande und sogar als Identitätsmerkmal fungiert. Dennoch ist die überwiegende Mehrheit der Wallonen seit der Mitte dieses Jahrhunderts einsprachig frankophon. Die optimistischsten Schätzungen situieren den Anteil der Dialektsprecher bei 65 % (wobei der typische Vertreter männlich ist, der älteren Generation angehört, geringe Schulbildung hat und auf dem Land lebt (vgl. FRANCARD 1993b, 319 u. 321).

Die etwa im Vergleich zur Suisse romande unverhältnismäßig starke Präsenz der Dialekte hat in der Vergangenheit dazu geführt, daß zur Beschreibung des Französischen in Belgien häufig zwei Niveaus unterschieden wurden: 1. Ein „français dialectal", d.h. ein „français modifié, dans ses divers éléments (phonétiques, morpho-syntaxiques, lexicaux) ou dans l'un de ceux-ci, par l'influence d'un parler populaire régional" (PIRON 1979, 205) und 2. ein sog. „français marginal", das sich mit dem Sprachgebrauch der Mittel- und Oberschicht deckt, die typischen Merkmale im Bereich der Phonetik abgelegt hat und sich im wesentlichen nur mehr im Bereich des Lexikons vom Pariser Sprachgebrauch unterscheidet (vgl. PIRON 1979, 209).

In der Realität läßt sich aber das Ausmaß, in dem das Französische von regionalen Elementen gekennzeichnet ist, nicht allein an den Variablen „Präsenz des Dialekts" und „Zugehörigkeit zu einer bestimmten Schicht" festmachen, umso mehr als nicht alle regionalen Charakteristika denselben Status (Registerzugehörigkeit) aufweisen, manche stärker stigmatisiert sind, andere weniger.

Die folgende Übersicht geht davon aus, daß ein Kontinuum vorliegt, das vom stark dialektal beeinflußten Französisch bis zum Pariser Sprachgebrauch reicht; soweit möglich, wird immer von Fall zu Fall präzisiert, welche sozio-kulturellen Variablen mit den beobachtbaren Phänomen korrelieren; die verwendeten Beispiele stammen aus FRANCARD 1990a u. 1993b, MASSION 1987, PIRON 1979, POHL 1978 u. 1983 und WOLF 1980.

• Phonetik/Phonologie:

Für den typischen „belgischen" Akzent, der von Franzosen sofort identifiziert wird, sind – so J. POHL (1983, 22 - 23) – fünf Merkmale verantwortlich, die ungeachtet sozialer und bildungsmäßiger Unterschiede sehr weit verbreitet sind:

- Der Erhalt der vier Nasalphoneme /ɑ̃/, /ɔ̃/, /ɛ̃/ und /œ̃/, die im Pariser Französisch seit der Mitte dieses Jahrhunderts zu einem 3er-System reduziert wurden; *brin* und *brun* sind dort bei den meisten Sprechern heute homophon.

- Die Opposition palatales /a/ - velares /ɑ/ (z.B.: *tache* vs. *tâche, mal* vs. *mâle*) ist unbekannt; die Distinktion wird durch Längung aufrechterhalten: [taʃ] - [ta:ʃ], [mal] - [ma:l]
- Die gute Bewahrung der Quantitätsoppositionen, z.B. bei /i/ - /i:/ (*nid* vs. *nie*), /ɛ/ - /ɛ:/ (*faite* vs. *fête*) und auch als Überbleibsel der seit dem Beginn des 19. Jhdt. im code phonique schwindenden Femininummarkierung: *né* [ne] vs. *née* [ne:], *nu* [ny] vs. *nue* [ny:], *aimé* [eme] vs. *aimée* [eme:]. Diese Endung kann auch diphthongiert sein: *année* [ane:j] (vgl. Suisse romande)
- Aussprache mit Diärese in Wörtern wie *lion, tuer, louer, niais* usw., d.h. : [liɔ̃] statt [ljɔ̃], [tye] statt [tɥe], [lue] statt [lwe], [niɛ] statt [njɛ]. An die Stelle des Halbvokals [ɥ] tritt häufig auch ein [w]: *puis* [pwis], *lui* [lwi] etc.
- Bewahrung der Opposition [o] - [ɔ] im Auslaut (vgl. Suisse romande) und offene Aussprache des <o>, wenn ein *-s* folgt: *fosse* [fɔs], *calvados* [kalvadɔs], *grosse* [gʀɔs]

Ein weiteres verbreitetes Phänomen ist die Nasalierung von Oralvokalen vor Nasalkonsonanten (z.B.: *reine* [rɛ̃n], *poème* [pɔɛ̃m]).
Die Längung auch anderer Vokale (vortonig, bzw. betont vor [l] oder stimmhaftem Okklusiv), verantwortlich für den Eindruck des Gezogenen, Schwerfälligen ist bei jüngeren Sprechern und Angehörigen höherer Gesellschaftsschichten im Verschwinden begriffen. Ähnliches gilt für die oft beschriebene Hiat-Tilgung (z.B. *théâtre* [tɛja:tʀ], *européen* [øʀɔpɛjɛ̃]), die vor allem bei älteren Sprechern des Zentrums und des Ostens Walloniens auftritt (vgl. FRANCARD 1993b, 327). Dort und in Brüssel ist auch die offenere Aussprache der palatalen Vokale [i], [u] und [y] zu beobachten.

Einen guten Eindruck von der Variationsbreite des belgischen Französisch im Bereich der Phonetik gibt die von Michel Francard produzierte Video-Kassette „Ces Belges qui parlent français“ (=FRANCARD 1990a); dort sind z.B. auch Beispiele für die Bewahrung des *h aspiré* zu hören.

• Morphosyntax:

Partikularismen in der (Morpho-)Syntax sind weniger zahlreich und kommen z.T. auch außerhalb Belgiens vor, sind also weniger oft Statalismen. Die als typisch belgisch geltende Konstruktion *aller* + *à* + Berufsbezeichnung (*aller au dentiste, au coiffeur*) ist z. B. im français populaire verbreitet, und selbst die Wendung *qu'est-ce que c'est pour ...?* („quel genre de ... est-ce?") ist auch in Frankreich (Savoyen, Lorraine) und in der Suisse romande belegt. Ähnliches gilt für den „infinitif substitut" (*je ne pouvais pas croire qu'il y a des gens qui se promènent et se faire bronzer*) und den Gebrauch von *sur* statt *dans* (z.B. *sur la rue;* auch in Québec attestiert, in beiden Fällen Adstrateinfluß). *Avoir facile, avoir bon* etc. sind ebenfalls nicht exklusiv belgisch, sondern wurden auch in Frankreich und im Aosta-Tal dokumentiert.

Genuine Belgizismen sind:

assez/trop ... que pour „assez/trop ....pour"

ça mieux; ça moins „d'autant mieux; d'autant moins"

und populäre Wendungen wie

couper à morceaux „couper en morceaux"

sauter bas du lit „sauter du lit"

les événements nous rapportés „... à nous rapportés" (auch in schriftl. Texten; fläm. Adstrat?).

Ein Kandidat für einen frequenziellen Belgizismus ist die komplette Negation mit *ne ... pas,* die in Belgien noch häufiger sein dürfte. Die von FRANCARD 1993b in diesem Zusammenhang genannte häufigere Inversionsfrage ist allerdings nicht typisch belgisch, da sie auch in Québec mit höherer Frequenz auftritt (Archaismus).

Ebenfalls auffällig, wenn auch nicht ausschließlich belgisch, ist die Voranstellung des attributiven Adjektivs: *une laide pelouse, la liégeoise police.*

• Lexikon:

Im Bereich des Lexikons ist auffällig, daß in größerem Ausmaß als z.B. in der Suisse romande substratunabhängige Charakteristika auftreten; regionale Lexeme sind vielfach panwallonisch, egal um welches Dialektgebiet es sich handelt. Jacques Pohl (1978) hat dies in einer Enquête in jeweils zwei Nachbarorten in Belgien und Frankreich deutlich aufgezeigt; seine Befragungsorte Mouscron (Belgien) und Tourcoing (Frankreich) liegen beide auf pikardischem Gebiet; Longuyon (Frankreich) und Virton (Belgien) hingegen gehören der lothringischen Dialektzone an und sind mehr als 200 km von den pikardischen Orten entfernt. Seine abgefragten 30 Regionalismen (s. unten in Auswahl) machen deutlich an der belgisch-französischen Staatsgrenze halt, und dies obwohl es sich nicht um Lexeme handelt, die für unterschiedliche politische oder administrative Gegebenheiten stehen, sondern der Umgangssprache angehören. Die Informanten - mehrheitlich Schüler aus dem Sekundarbereich - waren dazu angehalten, Schätzungen über die Verwendungshäufigkeit der betroffenen Wörter/Ausdrücke anzustellen:

„Essayez d'évaluer le nombre de personnes qui dans votre entourage connaissent bien ou utilisent les mots suivants; servez-vous des sigles P (personne), Q (quelques-un(e)s), T (tout le monde ou presque tout le monde)" (zit. n. WOLF 1980, 201)

Tabelle 1: Panwallonische Regionalismen (Enquête J. Pohl; adapt. nach WOLF 1980, 201)[24]

	Longuyon (F; 20)				Virton (B; 18)				Tourcoing (F; 77)				Mouscron (B; 15)			
	P	Q	B	T	P	Q	B	T	P	Q	B	T	P	Q	B	T
ajoute	***20***				5	***10***	***2***	***1***	***61***	15	1	0	2	***11***	***2***	***0***
blinquer	***20***				3	***2***	***8***	***4***	***69***	8	0	0	5	***2***	***4***	***4***
bloquer	***14***	5	1	0	0	***0***	***6***	***12***	***70***	3	3	1	1	***1***	***5***	***8***
être busé	***18***	2	0	0	0	***0***	***10***	***8***	***70***	4	2	1	0	***0***	***6***	***9***
copion	***19***	1	0	0	3	***6***	***7***	***2***	***74***	3	0	0	1	***1***	***4***	***9***
cumulet	***19***	0	1	0	0	***7***	***8***	***3***	***63***	9	5	0	1	***0***	***9***	***5***
entièreté	***16***	4	0	0	0	***11***	***5***	***2***	***57***	17	3	0	1	***7***	***2***	***5***
farde	***17***	3	0	0	0	***1***	***9***	***8***	***69***	3	3	2	1	***0***	***3***	***11***
guindaille	***20***				1	***1***	***10***	***6***	***75***	1	1	0	4	***3***	***7***	***1***

Bei allen Beispielen handelt es sich um vor Ort gebräuchliche Ausdrücke:
ajoute „ajout, appendice, supplément"
blinquer „reluire; faire reluire, astiquer"
bloquer „bûcher" (argot estudiantin)
être busé „échouer"
copion „antisèche" (arg. est.)
cumulet „culbute"
entièreté „totalité"
farde „dossier, cahier de copies non broché"
guindaille „sortie joyeuse d'étudiants, souvent beuverie"

Zumindest drei der genannten Wörter gehören einer Sondersprache an, dem Studenten- und Schülerargot. In diesem Bereich verfügt das belgi-

[24] Pohl hat nur seine Ergebnisse veröffentlicht (POHL 1978); die Tabelle hat er H.-J. Wolf zur Verfügung gestellt, der sie publiziert hat (WOLF 1980).

sche Französisch über ein vom hexagonalen Sprachgebrauch deutlich abweichendes Vokabular, z.B.: *manche-à-balles* „étudiant trop zélé auprès des professeurs", *se faire mofler* „échouer (à un examen)", *kot* „chambre louée à un étudiant", *heure de fourche* „temps libre entre deux heures de cours" etc.

Anhand des in Belgien sehr viel häufigeren *entièreté* (16. Jhdt.; „totalité") läßt sich der in peripheren Gebieten der Frankophonie viel schwächere Normdruck des Pariser Französisch illustrieren: Zum einen können erbwörtliche Ableitungen vital bleiben, die in Frankreich durch gelehrte Bildungen konkurrenziert wurden, andererseits werden die vom System des Französischen ermöglichten Wortbildungsverfahren ausgenützt. Zur ersten Kategorie gehören z.B. *amitieux* (19. Jhdt., wahrscheinlich älter) „affectueux" und *taiseux* (12. Jhdt.) „taciturne"; Beispiele für moderne Ableitungen sind: *autocariste* „chauffeur d'autocar", *salubriste* „femme de ménage", *tirette* „fermeture éclair", *savonnière* „porte-savon", *navetteur* „personne qui fait la navette".

Legion sind natürlich die mit den unterschiedlichen administrativen und politischen Gegebenheiten, mit anderen Traditionen im Bildungswesen etc. zusammenhängenden Bezeichnungen; hier nur eine kleine Auswahl:

académique „universitaire": z.B. in *année académique, formation académique*
athénée „lycée"
bourgmestre „maire"
communal „municipal": *conseiller communal*
école gardienne „école maternelle" (Calque a. d. Fläm.)
endéans „dans le délai de"
enseignement moyen „enseignement secondaire" (fläm. Adstrat)
évitement „déviation" (Verkehrsschild)
indaguer „enquêter"
matières personnalisables „matières considérées comme étroitement liées à la vie des personnes et confiées à la compétence des Communautés"
milice „service militaire"
prester „accomplir": *prester des services, des heures supplémentaires*
subsidier „subventionner"

4.3.4 Sprachbewertung

„Estimez-vous parfois qu'une *ajoute* est souhaitable? Vous arrive-t-il de faire des *coureries, de tirer votre plan,* de parler d'une femme *en position,* d'un repas

> qui vous a bien *goûté*? Suspendez-vous votre manteau par la *liche* ou la *lichette*?[25] Si oui, vous êtes victime, à votre insu peut-être, d'un mal qui touche la plupart des Belges: votre français est marqué de **belgicismes**.
> Faites-leur désormais la chasse!" (HANSE/DOPPAGNE/BOURGEOIS-GIELEN 1971, Klappentext)

Diese Textstelle stammt aus dem Klappentext von „La chasse aux belgicismes" (1971), einem schmalen Band, mit Hilfe dessen sich die Belgier von der „Krankheit" Belgizismus heilen sollten. Die medizinische Metaphorik ist sprechend, und die Verkaufszahlen - 34.000 Exemplare in den ersten zwei Jahren ab dem Erscheinen - zeigen, daß das Werk auf fruchtbaren Boden gefallen ist und die Selbsteinschätzung vieler Sprecher widerspiegelt. In der Tat ist Belgien ein Musterbeispiel für die sprachlichen Minderwertigkeitskomplexe von Sprechern in peripheren Gebieten der Frankophonie.

Daß diese ursprünglich natürlich durch eine zu starke Orientierung an Paris verursachte Selbstabwertung nicht von Anfang an durch Kompensationsstrategien gemildert, sondern vielmehr durch eine lange, eigene Tradition des sprachlichen Purismus - mit einer besonders hohen Dichte an Antibarbari - perpetuiert wurde, hängt vielleicht mit der spezifischen Situation der Frankophonie in Belgien zusammen:

> „[...] à aucun moment, la communauté des francophones de Belgique ne s'est sentie menacée dans sa langue, tant de ce point de vue la lutte était inégale entre le néerlandais - à faible ancrage international et longtemps concurrencé en Flandre même par les dialectes locaux - et le français, partagé avec une large communauté internationale et plus particulièrement avec le grand voisin français.
> Cette quiétude linguistique s'est payée par un déficit identitaire aujourd'hui encore très présent. A la différence des Québécois qui ont fait du français un des moteurs de leur destin collectif, les francophones de Belgique n'ont pas été contraints, pour leur survie, de se forger une identité positive, c'est-à-dire de se reconnaître dans une culture, dans une histoire, dans une écriture et dans une parole qui leur appartiennent vraiment." (FRANCARD 1993a, 67)

Hinzu kommt noch, daß den Belgiern die kulturelle und sprachliche Ausrichtung am „grand voisin français", die sich in der Geschichte Belgiens auch in Anschlußwünschen geäußert hat, von französischer Seite

---

[25] *faire des coureries* „avoir à faire des démarches, à se déplacer"; *tirer son plan* „se débrouiller, se tirer d'affaire"; *être en position* „être enceinte"; *liche, lichette* „petit cordon servant à suspendre les vêtements"

nicht gedankt wird. Man denke nur an die kollektiven Zerrbilder vom langsamen, Pommes frites essenden Belgier, der in jedem Satz *une fois* und *allez* sagt (Belgier-Witze, „histoires belges") und im kollektiven Unbewußten der Franzosen jene Funktion einnehmen, die die Ostfriesen für Deutsche und die Burgenländer für Österreicher haben. Was die Kulturproduktion belgischer Provenienz betrifft, wird sie von Frankreich ganz selbstverständlich als „französisch" etikettiert, sobald sie international beachtet wird; hätten nicht manche großen belgischen Autoren französischer Zunge niederländische Namen, bliebe ihre Herkunft völlig im dunkeln.

Auf der anderen Seite gibt es in Belgien aber auch die Tendenz, die sprachliche Anpassung nicht zu weit zu treiben: Wer sich zu sehr von den regionalen und lokalen sprachlichen Gepflogenheit entfernt - und z.B. *septante* und *nonante* durch *soixante-dix* und *quatre-vingt-dix* ersetzt - muß damit rechnen, als *fransquillon* bezeichnet zu werden.

Was die Stigmatisierung des eigenen Sprachgebrauchs betrifft, scheint sich in der jüngeren Vergangenheit der Trend hin zur vorsichtigen Valorisierung abzuzeichnen; in einem 1994 erschienenen Belgizismenwörterbuch, bei dem auch zwei der Autoren der „Chasse aux Belgicismes" mitgearbeitet haben, heißt es im Klappentext, das darin beschriebene Material „exprime, au-delà des réalités et des sentiments présents, le goût du passé, le bonheur de l'enfance, les souvenirs d'étudiants, le plaisir des mots oubliés et retrouvés ..." (BAL et al. 1994, Klappentext).

Arbeitsaufgaben:
1. Lesen Sie die Komödie „Dormez! Je le veux" von Georges Feydeau; mit welchen Merkmalen wird dort der belgische Diener Eloi sprachlich charakterisiert?
2. Wer sind die bekanntesten belgischen Autoren französischer Sprache ?
3. Ein nur in Belgien dokumentiertes Phänomen der französischen Tempusverwendung ist das sog. *imparfait préludique*. Konsultieren Sie „Le Bon Usage" von Grevisse/Goose, um sich darüber zu informieren!

4.4 Luxemburg

4.4.1 Demographisches, Sprachenrecht, Domänen des Französischen

Der Kleinstaat Luxemburg (*Grand-Duché de Luxembourg*, 2.586 km²) im Dreiländereck Belgien, Deutschland und Frankreich ist offiziell dreisprachig. Seit Inkrafttreten des Sprachengesetzes von 1984 ist Luxemburgisch (Lëtzebuergesch; eine Koiné für verschiedene Moselfränkische Dialekte) die Nationalsprache; als Amtssprachen sind das Französische, das Deutsche und das Lëtzebuergesche (jedoch nicht in allen Bereichen) anerkannt.

Karte 6: Luxemburg

Von den rund 425.000 Bewohnern Luxemburgs sind 300.000 autochthone Luxemburger, die allesamt Lëtzebuergesch als Muttersprache sprechen. Rund 30 % der Gesamtbevölkerung sind Ausländer; einen besonderes hohen Anteil nehmen die Italiener und die seit den 70er Jahren massiv zuwandernden Portugiesen (5,1 bzw. 10,4% [!] der Gesamtbevölkerung) ein, daneben kommen täglich viele Arbeitskräfte aus den Nachbarstaaten Frankreich, Deutschland und Belgien. Die ausländischen Bevölkerungsanteile konzentrieren sich besonders in der Hauptstadt Luxemburg (vgl. STOLL 1997).

Standarddeutsch und Französisch sind für die Luxemburger Zweitsprachen; die Scholarisierung erfolgt in einer kurzen Phase auf Lëtz., geht aber sehr schnell, d.h. schon im 1. Schuljahr, zum Deutschen über. Das Lëtz. wird dann (seit 1912) als eigenes Fach unterrichtet, fungiert aber offiziell nicht als Vehikel für die Sachfächer. Das Französische wird im 2. Schuljahr eingeführt und nimmt bis zum Ende der Grundschule (6 Jahre) immer mehr zu. Im Sekundarbereich dominiert dann Französisch als Unterrichtssprache. Mit diesen Regelungen hängt es zusammen, daß die Deutschkenntnisse, und noch mehr die Französischkenntnisse der Luxemburger, vom Bildungsgrad abhängen (vgl. HOFFMANN 1988, 1335).

Obwohl das Französische großes Prestige genießt, ist es nur in wenigen Domänen vorherrschend. Die Sprachenlage ist von einer medialen Diglossie gekennzeichnet: Das Lëtz. ist fast ausschließlich gesprochene Sprache und die natürliche und prinzipiell in allen Situationen verwendbare Alltagssprache der Luxemburger; den Bereich der Schriftlichkeit teilen sich das Französische und das Deutsche. In der privaten schriftlichen Kommunikation nimmt das Deutsche den ersten Platz ein, während im öffentlichen Raum das Französische als geschriebene Sprache (Verwaltung, Wirtschaft) vorherrscht (vgl. GOUDAILLIER 1994, 13). Die Sprachenwahl ist dabei grundsätzlich funktional motiviert, d.h. es wird jene Sprache verwendet, die am leichtesten die Kommunikation ermöglicht (vgl. FRÖHLICH 1996, 472).

Im Radio dominiert das Lëtz. (eigener Sender), Fernsehsendungen der eigenen Station sind durchgehend lëtzebuergesch. Das Pressewesen ist mehrheitlich deutschsprachig, wobei in jüngerer Zeit das Lëtz. als geschriebene Sprache in bestimmte Textsorten (Ankündigungen, Leserbriefe, Annoncen) eindringt (vgl. WEBER 1994, 150f., FRÖHLICH 1996, 472). Theaterproduktion existiert in allen drei Sprachen. In der Kirche dominierte lange Zeit hindurch das Deutsche, in jüngster Zeit wird es stark durch das Lëtz. konkurrenziert (vgl. GOUDAILLIER 1994, 15); das Franz. ist

- von wenigen Ausnahmen abgesehen (in der Hauptstadt) - im religiösen Leben nicht anzutreffen. Im Militär schließlich ist das Französische Kommandosprache, nicht jedoch Sprache der Ausbildung - hier fungiert das Lëtz. als Umgangssprache.

In der letzten Zeit läßt sich eine Ausweitung des Französischen im mündlichen Bereich in Domänen feststellen, die bislang dem Lëtz. vorbehalten waren; für die überwiegende Mehrheit der romanischsprachigen Ausländer (Belgier, Franzosen, Italiener, Portugiesen) ist es einfacher, sich im Umgang mit den Luxemburgern des Französischen zu bedienen. Dadurch entstehen - beginnend in der Schule - vermehrt Anlässe, das Französische in der informellen Alltagskommunikation zu verwenden.
GOUDAILLIER (1994, 15) berichtet in diesem Zusammenhang von dem Phänomen, daß ältere Luxemburger, die sich im Französischen nicht sicher fühlen, es z.B. meiden, in manchen Geschäften anzurufen oder Besorgungen zu machen, weil sie dabei unweigerlich mit dem Französischen in Kontakt kommen würden.

4.4.2 Zur Geschichte der heutigen Sprachenlage

Bis nach der fränkischen Landnahme teilt Luxemburg seine Geschichte mit jener Belgiens [siehe 4.3.2].

Im Vertrag von Verdun (843) fällt Luxemburg ans Mittelreich, kommt aber schon 925 ans Ostreich. In dieser Zeit dürfte sich auch die germanisch-romanische Sprachgrenze in diesem Gebiet endgültig herausgebildet haben. Das heutige Territorium Luxemburgs liegt - von ganz kleinen Gebieten im Osten abgesehen (siehe Karte) - in der Germania.
963 wird Luxemburg aktenkundig: der Ardennengraf Sigfrid erwirbt ein ehemaliges Römerkastell (Lucilinburhuc > Lützelburg „kleine Burg" > Luxemburg). Mit dem Aussterben der Dynastie (1136) geht Luxemburg an das Haus Namur (1138), das das Herrschaftsgebiet nach Osten hin (Wallonien) ausdehnt. In die Herrschaftzeit des Hauses Namur fällt die administrative Trennung (1340) in ein französischsprachiges Gebiet im Westen (*quartier wallon*) und ein deutschsprachiges im Osten (*quartier allemand*). Ab der Machtübernahme durch das Haus Burgund (1443, Philipp der Gute) wird aus dem zweisprachigen Land offiziell ein einsprachig französisches, ohne daß der zweisprachige Charakter verloren gegangen wäre, da das Deutsche vielfach innere Amtssprache bleiben kann (vgl. HOFFMANN 1988, 1338). Nach dem Ende der Burgunderherrschaft (1506) herrschen von 1506 bis 1684 die Spanier, von 1684 bis 1697

die Franzosen, von 1697 bis 1714 erneut die Spanier, von 1714 bis 1795 die Österreicher und von 1795 bis 1814 wieder die Franzosen („Département des Forêts"). 1659 (Pyrenäenfrieden) kommt es zur Abtretung der südlichen Landesteile an Frankreich.

Durch den Wiener Kongreß (1815) wird Luxemburg zum Großherzogtum erhoben und ein eigener Staat im persönlichen Besitz des Niederländischen Königs (Wilhelm I.), der das Land allerdings als niederländische Provinz verwaltet. Er fördert das Französische im Zuge seiner Abgrenzungsbemühungen gegenüber Preußen (vgl. HOFFMANN 1988, 1338).

Im Anschluß an die Belgische Revolution (1830) wird auch Luxemburg souverän (1839), der Westteil („quartier wallon", i.e. die heutige belgische Provinz Luxemburg) geht allerdings an Belgien.
In der Zeit nach der Unabhängigkeit sind Französisch und Deutsch gleichberechtigt; der zweisprachige Charakter des – historisch gesehen – zur Germania gehörenden Landes wird in der Verfassung von 1848 verankert (Deutsch und Französisch als Amtssprachen).

Im Londoner Vertrag von 1867 wird Luxemburg für neutral erklärt; die Gefahr, durch den sich abzeichnenden deutsch-französischen Konflikt die Eigenstaatlichkeit zu verlieren, war gebannt. Im 1. Weltkrieg wird das Land aber von deutschen Truppen besetzt und erst 1918 wieder befreit.

Im Jahre 1939 feierte Luxemburg sein 100jähriges Bestehen und manifestierte damit angesichts der Bedrohung durch Hitler-Deutschland seine Eigenständigkeit. Die sich im Laufe des 19. Jhdts. konstituierende nationalstaatliche Identität, die in dem 1867 geprägten Slogan „Mir wëlle bleiwe, wat mer sin" Ausdruck findet (vgl. HOFFMANN 1979, 8f) und eng mit dem Entstehen eines Eigensprachlichkeitsbewußtseins verbunden ist, wird erneut beschworen – allerdings ohne Erfolg. Im Mai 1940 marschieren deutsche Truppen ein: das Deutsche wird als einzige Sprache vorgeschrieben, nicht-deutsche Namen mußten umgewandelt werden, und das Französische wird gänzlich aus dem öffentlichen Leben verbannt. Die nationalsozialistische Unterdrückung hat jedoch nicht verhindern können, daß sich die Mehrheit der Luxemburger in einer 1941 durchgeführten Volkszählung überwiegend als *nicht deutschsprachig* deklariert hat.

Die Erinnerung an die deutsche Okkupation trug nach dem 2. Weltkrieg wesentlich zum Prestigeverlust des Standarddeutschen bei. Zu einer Neuregelung der Sprachenfrage kommt es erst 1984 (s. o.); die im entsprechenden Gesetz geschaffenen Bestimmungen stehen „eindeutig in der Tradition der Abwehrmaßnahmen gegen Versuche, das Land ungefragt der Germania, genauer Deutschland, oder der Romania, genauer der Frankophonie, zuzuteilen" (FRÖHLICH 1996, 474).

Die durch das neue Sprachengesetz vorgesehene Statusaufwertung des Lëtz. könnte allerdings problematisch werden, da es für die potentiellen Anwendungsbereiche nicht ausreichend standardisiert ist.

4.4.3 Erscheinungsformen des Französischen

Die von den Luxemburgern anvisierte Zielnorm ist das hexagonale Französisch; in der Kontaktsituation mit Lëtz. und Deutsch ist es jedoch nicht verwunderlich, daß Interferenzphänomene auftreten.

Die folgenden Merkmale sind sporadisch, d.h. abhängig von Alter, Häufigkeit des Gebrauchs des Französischen und vor allem Bildungsgrad, zu beobachten (vgl. DOPPAGNE 1976, KRIER 1981, KRAMER 1992, FRÖHLICH 1996, GOUDAILLIER 1996), ohne daß es sich dabei aber um interferenzielle Zufallsprodukte handeln würde:

- Sonorisierung von satzphonetisch intervokalisch gewordenen stimmlosen Okklusiven: z.B. *avec un couteau* [avɛgɛ̃kuto]
- Auslautverhärtung: *village* [vilaʃ], *Madrid* [madʀit]
- Aspiration von stimmlosen Okklusiven: *parler* [p^{h}aʀle], *théâtre* [t^{h}eatʀə]
- Außerkraftsetzung der „loi des trois consonnes"; dadurch entstehen von der hexagonalen Norm nicht geduldete Konsonantencluster (*pour quatre semaines:* [katʀsmɛn] statt [katʀəsmɛn] bzw. [katsmɛn].

Im Bereich des Lexikons kommen Germanismen (z.B. *absolver* „achever" < *absolvieren; académicien* „diplômé d'université" < *Akademiker; athéiste* „athée < *Atheist; avoir libre* „avoir congé" < *frei haben*) und Belgizismen vor, was angesichts eines langen und sehr engen Nebeneinander nicht überrascht: *carte-vue* „carte postale", *vidange* „bouteille consignée; consigne", *farde* „chemise (d'un dossier)", *athénée* „lycée".

Arbeitsaufgabe:
1. Lesen Sie den Text des Sprachengesetzes von 1984. Welche Verwendungsbereiche sind ausschließlich dem Französischen vorbehalten? (Text u.a. in DAHMEN et al. 1992, 164)

5. Die amerikanische Frankophonie

5.0 Von der Entdeckung zur Kolonisierung

Das Eintreten des amerikanischen Kontinents in den französischen Gesichtskreis ist in erster Linie mit zwei Namen verbunden: Giovanni di Verrazzano (~1485 - 1528) und Jacques Cartier (1494 - 1554). Der florentinische Seefahrer war im Auftrag von François I. (Regierungszeit 1515 - 1547) auf die Suche nach einer Alternative zu der von Magellan entdeckten Route nach Asien gegangen; mit demselben Ziel segelte Cartier zweimal - 1534 und 1535/36 - nach Westen: Bei seiner zweiten Reise dringt er in die Mündung des St.-Lorenz-Stroms ein und nimmt für Frankreich von dem Land Besitz.

Die Entdeckungsfahrten sowohl Verrazzanos als auch Cartiers blieben allerdings für Frankreich zunächst von geringer Bedeutung, da die gesuchte Passage nach Indien nicht entdeckt wurde und auch die Hoffnungen des Königs auf Reichtümer (Gold, Diamanten) kläglich enttäuscht wurden. Obwohl von königlicher Seite eine weitere Exploration nicht gefördert wird, bleiben Franzosen auch in der zweiten Hälfte des 16. Jahrhunderts in der Region präsent. Sie sind vor allem Fischer, die von den reichen Fischbänken vor der Küste angezogen werden. Als weiterer Erwerbszweig tut sich ab 1550 allmählich der Pelzhandel auf.

Eine wirkliche Kolonisierung der „Nouvelle-France" - mit dauerhafter Präsenz von Siedlern - erfolgt allerdings nicht vor dem Beginn des 17. Jahrhunderts. Diesbezügliche Versuche scheitern wegen schlechter Planung und dem fehlenden Know-how, um im Land selbst die für ein länger andauerndes Verweilen notwendige Versorgung mit Lebensmitteln zu sichern. Auch die Härte des Klimas wurde vielfach unterschätzt. Hinzu kam der Widerstand der Indianer, die sich den Vorstellungen und Plänen der Europäer nicht so einfach fügen wollten (vgl. MATHIEU 1991, 43f.).

5.1 Québec

5.1.1 Geschichte, Demographisches, Sprachenrecht

Zur dauerhaften Besiedlung des Gebiets der heutigen Provinz Québec kommt es erst nach der Gründung der gleichnamigen Stadt durch Samuel de Champlain im Jahre 1608. Das neue Interesse der französischen Krone an dem Territorium erwuchs direkt aus der Bedeutung des Pelzhandels und der Fischerei. Der Gründung von Québec folgten 1634 Trois-Rivières und 1642 Montréal.

Zwischen diesen drei Städten am Ufer des St.-Lorenz-Stroms erfolgt anfänglich die Besiedelung. Die Verwaltung der Kolonie wird vom König zunächst an verschiedene sog. *compagnies* übergeben, die in einem feudalartigen System Grund und Boden an Kolonisten abtreten.

Die Kolonie erfreut sich allerdings nur eines geringen Zustroms aus dem Mutterland. Die „Nouvelle-France" oder „Canada" - wie das Gebiet ab dem 17. Jhdt. auch genannt wird - gilt nicht als günstiges Auswanderungsland und wird - im Unterschied zu den englischen Kolonien - wegen der starken Präsenz der katholischen Kirche (Jesuiten) auch kein Hoffnungsgebiet für die Protestanten. Erst ab 1663, als die Verwaltung wieder vom Mutterland selbst übernommen wird, nimmt der Zuzug aufgrund verschiedener Maßnahmen zu:

- Wegen der Bedrohung durch die Irokesen werden Anfang der 60er Jahre rund 1000 Soldaten in die Kolonie geschickt, von denen etwa die Hälfte als Kolonisten im Land bleibt.
- Zwischen 1663 und 1673 schickt der König knapp 800 Waisenmädchen (*filles du Roi*) nach Kanada, um den Überhang an männlichen Bewohnern auszugleichen.
- Der Zugang zu verschiedenen Handwerken wird erleichtert.

Insgesamt verlassen zwischen dem Anfang des 17. Jahrhunderts und der Machtübernahme der Engländer (1760) etwa 10.000 Franzosen ihr Heimatland, um sich in Kanada anzusiedeln. Eine für damalige Verhältnisse enorme Geburtenrate führte dazu, daß die Kolonie 1760 bereits rund 70.000 Bewohner zählte.

Seit ihrem Bestehen standen die französischen Besitzungen permanent unter der militärischen Bedrohung durch die Engländer. Bereits lange vor Ausbruch der Kolonialkriege (1689) war Québec bereits einmal an England gegangen (1629 - 32). Aus zahlreichen militärischen Konflikten mit den Engländern zwischen 1689 und 1760 gehen letztere schließlich als Sieger hervor. Die „bataille de la plaine d'Abraham" (1760, bei Québec), die Kapitulation und der Vertrag von Paris (1763) besiegeln den Verlust aller französischen Besitzungen in Nordamerika.

Das Ende des *Régime français* hat unmittelbare Folgen für die Gesellschaftsstruktur: Die Armee und die französische Oberschicht kehrten ins Mutterland zurück, die verbliebenen Geschäftsleute sahen sich meist ruiniert. Das wirtschaftliche und politische Vakuum wird sofort von Anglophonen gefüllt, die sich in den Städten konzentrieren (vgl. DULONG 1973, 413). Wie sehr sich die gesellschaftliche Lage der Frankophonen verändert, zeigt eindringlich der folgende vielzitierte Textauschnitt aus dem Werk eines der berühmtesten Amerika-Reisenden des 19. Jahrhunderts; der Historiker Alexis de Tocqueville beschreibt die Lage im Jahre 1831 so:

> „Les villes, et en particulier Montréal (nous n'avons pas encore vu Québec) ont une ressemblance frappante avec nos villes de province. Le fond de la population et l'immense majorité sont partout français. Mais il est facile de voir que les Français sont le peuple vaincu. Les classes riches appartiennent pour la plupart à la race anglaise. Bien que le français soit la langue presque universellement parlée, la plupart des journaux, les affiches, et jusqu'aux enseignes des marchands français sont en anglais! Les entreprises commerciales sont presque toutes en leur mains. C'est véritablement la classe dirigeante du Canada." („Voyage en Amérique"; TOCQUEVILLE 1991, 202)

Daß die zahlenmäßig schwachen Frankophonen nicht völlig von der anglophonen Übermacht aufgesogen wurden und heute fast 6 Mio. Frankophone in Québec leben, ist dem enormen Bevölkerungszuwachs (*revanche des berceaux*) durch eine hohe Geburtenrate zu verdanken: 1851 liegt die Zahl der Frankophonen bereits bei 670.000, was annähernd eine Verzehnfachung innerhalb von 80 Jahren darstellt; bis 1901 verdoppelt sie sich fast wieder (1,3 Mio.), und im Jahre 1961 sind es mehr als 4 Mio. (vgl. DULONG 1973, 419).

Zunächst sind die verbliebenen Frankophonen sprachlich noch nicht unterdrückt, obwohl Assimilationsabsichten unverkennbar existierten. 1791 wird das aus zwei Provinzen bestehende „Dominion of Canada" geschaffen, wobei die Provinz „Bas Canada" im wesentlichen dem heutigen Québec entsprach. Sprache des öffentlichen Gebrauchs (Parlament) war dort - sehr zum Mißfallen der Frankophonen, die 90% der Bevölkerung ausmachten - Englisch.

Um die frankophone Bevölkerung zu minorisieren, wurden 1840 die beiden Provinzen vereinigt (*Union Act; Acte de l'Union*); zur alleinigen Amtsprache wurde Englisch erklärt, eine Bestimmung, die allerdings 1848 wieder zugunsten der Zweisprachigkeit zurückgenommen werden mußte.

Im Jahre 1867 entsteht der kanadische Staat in seiner modernen bundesstaatlichen Form; der *Constitution Act* schreibt die Zweisprachigkeit fort. Englisch und Französisch sind im Bundesparlament und im Parlament der Provinz Québec gleichberechtigt. Weitergehende Sprachenregelungen sieht das Gesetz nicht vor, allerdings gehen für zukünftige Regelungen bedeutsame Kompetenzen (Verwaltung, Gerichtsbarkeit, Schulwesen etc.) an die Provinzen.

Bis in die 60er Jahre unseres Jahrhunderts ergeben sich kaum Statusveränderungen für die französische Sprache, abgesehen von kleineren Konzessionen: 1910 Einführung von u.a. zweisprachigen Fahrkarten in Québec (*Loi Lavergne*), 1935 zweisprachige Banknoten (auf Bundesebene), 1945 zweisprachige *chèques d'allocation familiale* (nur in Québec, ab 1962 auf Bundesebene).

Erst in der 2. Hälfte des 20. Jahrhunderts bekommt die ethnopolitische und sprachliche Lage in Kanada eine neue Dynamik. Den Frankophonen wird stärker bewußt, daß sie von einer anglophonen Mehrheit dominiert oder - noch schärfer formuliert - kolonisiert werden. In der Tat hatten Frankophone ein bedeutend niedrigeres Bildungsniveau (vgl. CORBEIL 1976, 16), sie bekleideten die schlechteren Arbeitsplätze und benötigten zum sozialen Aufstieg Englisch-Kenntnisse, während umgekehrt Französisch-Kenntnisse für Anglophone nicht notwendig waren. Durch Industrialisierung und Landflucht[26] war ein städtisches Arbeiterproletariat entstanden, das im Dienste der englischen Industrie stand und sprachlich in eine erdrückende Diglossiesituation geraten war:

> „Le drame des travailleurs francophones québécois, c'est que d'une façon générale leur langue de travail n'est pas le français mais l'anglais. En pratique, cela signifie qu'en arrivant à son travail, le travailleur francophone doit laisser sa langue maternelle, le français, au vestiaire. Le vocabulaire technique qu'il emploie à son travail est anglais. Le travail, au lieu d'enrichir la langue maternelle du travailleur, contribue ainsi à l'appauvrir de telle sorte que des secteurs complets du vocabulaire français ne lui seront jamais connus. L'anglais étant la langue de travail, le travailleur sera aussi amené à faire certaines lectures ou à suivre certains cours de perfectionnement en anglais. Dans le domaine du travail où le français n'est pas utile, le travailleur francophone du Québec se trouve ainsi placé, dans sa propre province, sur le même pied qu'un immigrant qui ignorerait totalement le français et qui a opté pour l'anglais et pour lui et pour ses enfants." (DULONG 1973, 420)

Zu Beginn der 60er Jahre ändern sich die wirtschaftlichen Machtverhältnisse; unter der liberalen Regierung von Jean Lesage kommt es innerhalb von wenigen Jahren zu einer umfassenden aber gewaltlosen Umstrukturierung der Gesellschaft, die deshalb auch als *Révolution tranquille* be-

[26] 1880 lebten ca. 80 % der Frankophonen auf dem Land, 1930 waren es nur mehr 37 % (vgl. LAPORTE 1995, 209); der Trend setzte sich bis in die 60er Jahre fort.

zeichnet wird: Bei zunehmender Bedeutung des tertiären Sektors kommt die wirtschaftliche Macht z.T. wieder in die Hände der Frankophonen, das Sozialwesen wird ausgebaut (Sozialversicherung), Umweltschutz wird zum politischen Thema, die Dominanz der Kirche im Bildungswesen gebrochen, und die demokratischen Strukturen werden modernisiert. Parallel dazu geht aber auch eine mentalitätsmäßige Entwicklung vonstatten: Die im Entstehen begriffene gebildete französischsprachige Mittelschicht verbalisiert ihre Situation, und es entstehen erste Ansätze eines Nationalismus-Souveränismus.

Die Frage, wie man das Französische, das im Zuge des gesellschaftlichen Wandlungsprozesses der *Révolution tranquille* symbolisch neu aufgeladen wird, wieder zu einer vollwertigen, d.h. in allen Domänen verwendbaren und zu verwendenden Sprache macht, prägt die gesellschaftspolitische Diskussion der 60er und 70er Jahre (vgl. insb. LABRIE 1992). Der kanadische Bundesstaat - besonders unter der Führung von Pierre Eliott Trudeau - setzt in dieser Frage dezidiert auf den Ausbau der Zweisprachigkeit (vgl. dazu auch VOLLMER 1992). Auf die durch eine *Royal Commission on Bilingualism and Biculturalism* (1963 eingesetzt) zu Tage geförderten Benachteiligungen des frankophonen Bevölkerungsanteils reagiert die Bundesregierung mit einer *Loi sur les langues officielles* (1969), die die Zweisprachigkeit auf alle Ebenen der Verwaltung ausdehnt. Die Provinz Québec geht in den 70er Jahren dann aber einen anderen Weg: Schrittweise wird versucht, in Québec die territoriale französische Einsprachigkeit durchzusetzen.

Zur Virulenz der Sprachenfrage trugen in den 60er Jahren vor allem zwei Faktoren bei: 1. Der zahlenmäßige Rückgang der Frankophonen, verursacht durch Assimilation an die englische Sprache und Kultur sowie durch eine Abnahme der Geburtenrate (vgl. BOURHIS/LEPICQ 1993, 349), und - eng damit verbunden -, 2. die Schulsprachen-Frage.
Für Einwanderer kam es nicht in Frage, sich an die französische Kultur zu assimilieren. Englisch zu lernen, ihre Kinder in englischsprachige Schulen zu schicken, war für sie die einzige Option. Der frankophonen Bevölkerungsgruppe kam durch diese Tendenz die notwendige demographische Erneuerung abhanden, während andererseits die Zahl der Anglophonen dadurch wuchs. Zudem wurde das öffentliche englischsprachige Schulwesen mehrheitlich mit Steuergeldern der Frankophonen finanziert - was vielen verständlicherweise ein Dorn im Auge war. Im Jahre 1969 kam es in Montréal deshalb zu so heftigen Auseinandersetzungen mit der italienischen Gemeinde, daß der Ausnahmezustand ausgerufen werden mußte (vgl. LABRIE 1992, 26f).

Die 1969 zur Lösung der Konflikte verabschiedete regionale *Loi pour promouvoir la langue française au Québec* macht das Französische zwar zu einem Pflichtfach in den Schulen, gewährt aber die Wahlfreiheit in bezug auf die Sprache, in der die Einschulung erfolgt. Für die Anglophonen und Immigranten war das Problem damit gelöst; der frankophone Bevölkerungsanteil war allerdings höchst unzufrieden. Zu einer befriedigenderen Lösung kam es erst 1974 mit der *Loi sur la langue officielle,* die a) das Französische zur offiziellen Sprache in Québec (z.B. Vorrang französischer Gesetzestexte) macht, b) verfügt, daß auf öffentlichen Aushängen, Schildern etc. das Französische zu verwenden ist, c) Unternehmen, die mit der öffentlichen Hand Geschäfte machen wollen, dazu verpflichtet, Französierungsprogramme einzuleiten und d) den Zugang zu englischen Schulen von ausreichenden Sprachkenntnissen abhängig macht (vgl. http://www.olf.gouv.qc.ca/charte/pages/c08.htm)
Im Hinblick auf die aus der letzten Bestimmung theoretisch entstehende Situation, daß Kinder von Immigrantenfamilien in unterschiedlichen Sprachen eingeschult werden, konnte auch diese Regelung nicht als brauchbar beibehalten werden.

Mit der 1977 verabschiedeten Loi 101, der sog. *Charte de la langue française,* wird Québec offiziell zu einem einsprachig französischen Territorium; die Bestimmungen der *Loi sur la langue officielle* (1974) wurden verschärft, d.h. im Detail, daß

- im öffentlichen Raum (Schilder, Plakate etc.) ausschließlich das Französische zu verwenden ist,
- Unternehmen mit mehr als 50 Mitarbeitern Französierungsprogramme durchzuführen haben, um das Französische zur Arbeitssprache zu machen
- Kinder nur dann öffentliche englische Schulen besuchen dürfen, wenn einer der Elternteile bereits in Québec englisch scholarisiert wurde,
- nur die französische Version von Gesetzestexten offiziellen Charakter hat (vgl. http://www.olf.gouv.qc.ca/charte/pages/c08.htm).

Obwohl die *Charte de la langue française* noch heute gültig ist, mußten im Laufe der Zeit mehrere Bestimmungen nach Verfassungsklagen abgeändert werden: 1979 wurde die Bestimmung über den alleinigen offiziellen Charakter von französischsprachigen Gesetzestexten aufgehoben (unvereinbar mit dem Prinzip der Zweisprachigkeit, wie es im föderalen *Constitution Act* v. 1867 niedergeschrieben ist), 1984 hebt der Oberste Gerichtshof von Québec die Schulzugangsbestimmungen auf, weil sie nicht verfassungskonform sind,[27] 1988 erklärt der Oberste Gerichtshof von Kanada die Bestimmung zur ausschließlichen Verwendung des Französischen auf Aushängen und Beschilderungen für verfassungswidrig (steht im Widerspruch zum Recht auf freie Meinungsäußerung).

Die heute gültige Version der *Charte* mit den durch die höchstgerichtlichen Urteile notwendig gewordenen Novellierungen stammt aus dem Jahre 1993; der Text ist über den W3-Server des *Office de la langue française* (http://www.olf.gouv.qc.ca) leicht zugänglich.

Trotz verschiedenster Fährnisse haben die sprachplanerischen Bemühungen der letzten 30 Jahre dazu geführt, daß das Französische heute in Québec für rund 6 Mio. Sprecher - das sind mehr 80 % der Bevölkerung der Provinz - nicht nur Muttersprache, sondern auch in allen gesellschaftlichen Domänen das unangefochtene und spontane Kommunikationsmittel ist.

5.1.2 Sprachbewertung und Normenproblematik

Die abrupte Trennung vom Mutterland durch die Conquête anglaise führte Québec im 19. Jahrhundert, mentalitätsgeschichtlich betrachtet, in eine Periode des Auf-sich-selbst-bezogen-Seins. Unter der intellektuellen Führung des Klerus, der de facto das Bildungsmonopol innehatte, lag das Hauptaugenmerk auf der Bewahrung der traditionellen Werte, wozu auch die überlieferte französische Sprache gehörte. Prinzipiell bleibt der hexagonale Sprachgebrauch als Referenzmodell verbindlich, allerdings mit Abstrichen: Da Québec nichts von den gesellschaftlichen Umbrüchen mitmacht, die Frankreich im Zuge der Französischen Revolution erschüttern, ist der kanadischen Elite das Mutterland und seine Kulturproduktion - vor allem wegen der Laizisierung und Liberalisierung der Gesellschaft - als Vorbild suspekt (vgl. LAPORTE 1995, 211). Hinzu kommt noch, daß aus der Perspektive Québecs, das sich der fortschreitenden Anglisierung des Französischen immer mehr bewußt wird, der relativ laxe Umgang der „mère patrie" mit dem Einfluß des Englischen wie ein Verrat aussah - übrigens eine Sichtweise, die auch heute noch in Québec weit verbreitet ist.

---

27 1982 hatte die Regierung im Zuge der Wiedererlangung der vollen Verfügungsgewalt über die Kanadische Verfassung (aus den Händen Englands; sog. *rapatriement de la Constitution*) gezielt Minderheitenschutzbestimmungen eingeführt, denen die Charte nun widersprach ...

Spätestens in der 2. Hälfte des 19. Jahrhunderts wird für Teile der gesellschaftlichen Eliten klar, daß das kanadische Französisch, dessen ruraler und archaischer Charakter sich nach der Abtrennung von Frankreich verstärkt hatte, nicht die Antwort auf die Gefährdung durch das Englische sein kann. Die Ausrichtung am hexagonalen Sprachgebrauch, d.h. an der klassischen Norm des „bon usage", führt zu einem Purismus, der zwei Angriffspunkte hat: 1. Die Anglizismen, die man beinahe überall vermutet, und 2. der Entwicklungsrückstand gegenüber dem europäischen Französisch. Da breite Teile der Québécois - trotz Entwicklung des Tonfilms und der elektronischen Medien (zunächst Radio, später auch Fernsehen) ab dem 20. Jhdt. - mit dem europäischen Modell des Französischen nur passiv in Berührung kommen (vgl. GENDRON 1986, 91), führt diese Form von Purismus mit seinen Sprachchroniken, den zahlreichen Antibarbari und „compagnes de bon parler" in den Schulen zu einer tiefgreifenden und anhaltenden Verunsicherung der französischsprachigen Bevölkerung, ohne das Sprachverhalten wesentlich zu verändern.

Die diesem Purismus zugrundeliegenden Vorstellungen vom guten Gebrauch des Französischen lassen sich sehr deutlich anhand des 1965 vom *Office de la langue française* herausgegebenen Cahier „Norme du français écrit et parlé au Québec" aufzeigen:

> „[...] la norme qui, au Québec, doit régir le français dans l'administration, l'enseignement, les tribunaux, le culte et la presse, doit, pour l'essentiel, coïncider à peu près entièrement avec celle qui prévaut à Paris, à Genève, Bruxelles, Dakar et dans toutes les grandes villes d'expression française." (OFFICE 1965, 6).

Abweichungen im Bereich der Morphologie und Syntax sind absolut unzulässig; in der Phonetik dürfen sie nur minimal sein, und für das Lexikon gilt das Kriterium des „double emploi", d.h. daß ein Regionalismus nur dann zugelassen wird, wenn das Bezeichnungsbedürfnis nicht bereits durch ein anderes französisches Wort abgedeckt ist. Anglizismen sind zu meiden, sofern sie nicht unbedingt notwendig sind: Entlehnungen sind „avec modération" vorzunehmen (vgl. OFFICE 1965, 9 - 12). Die Zielscheibe dieser Form von Purismus ist der im Gefolge der Landflucht und Industrialisierung entstandene, von Anglizismen affizierte populäre Sprachgebrauch der unteren Schichten, das sog. *joual*[28].

---

[28] Es handelt sich um die archaische, dialektale Aussprache von *cheval* ([ʃəval] > [ʃval] > [ʒwal]). Der Begriff wird als Sprachbezeichnung ca. ab 1960 durch das

Daneben bildete die „idéologie de conservation" (CORBEIL 1976, 9) des 19. Jahrhunderts auch das Substrat für ein affirmatives Sprachbewußtsein in bezug auf die Charakteristika des kanadischen Französisch. Für Tendenzen zu seiner Valorisierung waren die Vorurteile der Anglophonen ein wesentlicher Katalysator: Für die anglophone Mehrheit galt das kanadische Französisch als korrumpiert im Vergleich zum Pariser Sprachgebrauch, schlechterdings als Patois. Die ständige Notwendigkeit, sich gegen dieses Vorurteil zu wehren, fördert die Erforschung des kanadischen Französisch (Gründung der „Société du parler français au Canada", 1902), und dabei tritt vor allem der klassische, archaische Charakter zutage, der positiv besetzt wird. Natürlich ist auch dieser Prozeß mit sprachpflegerischen und puristischen Anliegen verbunden, und die Anglisierung, die als die Form von Sprachverfall schlechthin betrachtet wird, spielt als Gegenbild eine bedeutende Rolle. Die intensive philologische Forschungstätigkeit, als Reaktion auf die Vorurteile von seiten der Anglophonen, verhindert allerdings nicht, daß viele Québécois diese negative Sprachbewertung (*lousy French*) internalisieren (vgl. LAPORTE 1995, 211)

Als sich in den 60er und 70er Jahren die Frage nach der Sprachform stellt, auf Basis derer die im vorhergehenden Kapitel [5.1.1] skizzierte Normalisierung vonstatten gehen soll, herrscht ein breites Einstellungsspektrum bei den betroffenen Französischsprechern; die Konstanten sind die Ablehnung des englischen Einflusses und die Stigmatisierung des *joual*, bei Teilen der Bevölkerung die Betonung der Werte des kanadischen Französisch und schließlich das problematische Verhältnis zu dem von offizieller Seite zunächst propagierten hexagonalen Französisch als Standardnorm, weil man selbst anders, d.h. „schlechter" spricht!

Gerade jene stigmatisierte populäre Varietät des kanadischen Französisch war es nun, die eine Gruppe von Schriftstellern um die von 1963 bis 1968 erscheinende links orientierte Zeitschrift „Parti pris" als Gegenentwurf zum hexagonalen Französisch propagierte und selbst in ihren Werken verwendete.[29] Das *joual* sei in höherem Maße dazu geeignet, als Identifikationssymbol zu dienen als das bürgerliche hexagonale Standardfranzösisch, das für die meisten Québécois wie eine Fremdsprache anmutet (vgl. MILITZ 1990). In den 70er Jahren, spätestens nach dem Inkrafttreten

Buch „Les insolences du frère Untel" (Jean-Paul Desbiens), eine radikale Abrechnung mit dem Gesellschaftssystem und Bildungswesen der damaligen Zeit, weiter verbreitet. Vgl. LAURENDEAU 1992.

[29] Zu den wichtigsten Vertretern dieser Bewegung gehören Gérald Godin, Jacques Renaud und Michel Tremblay.

der Charte, beruhigt sich die Polemik um das *joual*, umso mehr als die Generalisierung gerade dieses Soziolektes eine Abkoppelung Québecs von der französischen Sprachgemeinschaft bedeutet hätte.

Daß das sprachliche Referenzmodell für die Normalisierung nicht allzuweit vom hexagonalen Sprachgebrauch liegen würde, war nach der Polemik klar; die genaue Beschaffenheit einer kanadischen Norm des Französischen ist allerdings bis heute nicht endgültig geklärt. Zahlreiche soziolinguistische Untersuchungen der 70er und 80er Jahre[30] haben zwar deutlich gezeigt, daß das hexagonale Französisch nach wie vor hoch eingeschätzt wird, der kanadischen Varietät aber - zumindest in bewußten Stellungnahmen - für viele Sprechanlässe der Vorzug gegeben wird. Aus den Resultaten einer im Rahmen der sog. *Commission Gendron* (von der Québecer Regierung 1968 eingesetzte Kommission zur Lage des Französischen in Québec) durchgeführten Umfrage geht hervor, daß bei den Québécois ein deutliches „sentiment d'autonomie linguistique vis-à-vis le [sic, vgl. 5.1.3.1] modèle européen de langue parlée" besteht und dieses sprachliche Modell „une nette connotation québécoise" bewahren sollte (GENDRON 1974, 207; vgl. auch CAJOLET-LAGANIÈRE/MARTEL 1993, 176).

Im Jahre 1977 hat die *Association québécoise des professeurs de français* programmatisch von einem „français standard d'ici" gesprochen und diese Norm definiert als „variété de français socialement valorisée que la majorité des Québécois francophones tendent à utiliser dans les situations de communication formelle" (zit. n. MAURAIS 1986, 80). Eine verbindliche Beschreibung dieses Standards liegt bis heute nicht vor; in Umrissen wird er im folgenden Kapitel beschrieben.

Während die Zahl der Vertreter einer bedingungslosen Ausrichtung am hexagonalen Französisch abnehmen, existieren weiterhin Bemühungen (mit unterschiedlicher wissenschaftlicher Seriosität), das Französische in Québec ohne jegliche Referenz auf die Norm des ehemaligen Mutterlandes zu kodifizieren. Öffentlich prominent vertreten ist diese Position durch die wissenschaftlich seriösen Wörterbücher „Dictionnaire du français plus" (POIRIER/BEAUCHEMIN/AUGER 1988) und „Dictionnaire québécois d'aujourd'hui" (BOULANGER/DE BESSÉ/DUGAS 1992) (vgl. CAJOLET-LAGANIÈRE/MARTEL 1993, 197ff.).

---

[30] Ein guter bibliographischer und inhaltlicher Überblick findet sich in BOURHIS/LEPICQ 1993.

5.1.3 Das *français québécois*: Genese und Merkmale

Die Entstehung der kanadischen Varietät[31] des Französischen ist nach wie vor ein ungelöstes Rätsel. Seine Lösung setzt die Beseitigung eines evidenten Widerspruchs voraus: Zahlreiche, vom letzten Drittel des 17. Jahrhunderts bis zur Mitte des 18. Jahrhunderts stammende Belege von Reisenden[32] deuten darauf hin, daß in der Kolonie ein Französisch gesprochen wurde, das dem damaligen Französisch von Paris bzw. der Ile-de-France sehr nahe gestanden hat. Dieser Befund steht nun in krassem Gegensatz zur Herkunft der Kolonisten; genealogische Studien haben folgende Regionen Frankreichs als Ursprungsgebiete der französischen Auswanderer ergeben:

Tabelle 2: Herkunft der kanadischen Einwanderer (DULONG 1973, 408)

	17. Jhdt.
Normandie	18,5 %
Ile-de-France/Paris	14,7 %
Poitou	10,9 %
Aunis, Ile de Ré, Ile d'Oléron	10,6 %
Saintonge	5,8 %
Perche	3,9 %
Bretagne	3,5 %
Anjou	3,0 %
Champagne	2,8 %
Maine	2,7 %
Guyenne	2,6 %
Limousin, Périgord	2,4 %
Picardie	2,2 %
Angoumois	2,0 %
Touraine	1,9 %
Beauce	1,9 %

	18. Jhdt.
Ile-de-France	12,2 %
Normandie	10,9 %
Bretagne	8,2 %
Poitou	6,0 %
Guyenne, Agenois	5,8 %
Saintonge	5,5 %
Aunis, Ile de Ré	5,6 %
Languedoc	5,2 %
Gascogne	4,6 %
Champagne	3,4 %
Lorraine	2,6 %
Anjou	2,6 %
Franche-Comté	2,1 %
Picardie	2,2 %
Bourgogne	2,1 %

[31] Im Zentrum der folgenden Ausführungen steht das Französische, wie es sich in Québec herausgebildet hat; es teilt allerdings die meisten Charakteristika mit dem Französischen anderer Zonen und kann somit als *das kanadische Französisch* schlechthin angesehen werden. In seiner formellen Ausprägung hat es auch Modellcharakter für die französischsprachigen Gemeinschaften außerhalb Québecs. Vgl. dazu auch MOUGEON/BENIAK 1989, 2.

[32] Eine chronologische Gesamtschau dieser Belege findet sich bei WOLF et al. 1987, 8 - 12. Soferne die Belege sich nicht - wie z.T. aus dem Kontext erschließbar - auf die Elite der Einwanderer beziehen, können sie durchaus als glaubwürdig gelten.

Für Menschen aus den meisten dieser Gebiete ist nun für die Zeit der Emigration in Richtung Nouvelle-France nicht anzunehmen, daß sie als Französischsprecher im modernen Verständnis gelten können. Es steht außer Zweifel, daß sie Patois-Sprecher waren, d.h. sie kommunizierten in einem historischen Dialekt oder einer *langue ethnique*.
In seinem vielbeachteten und nicht weniger kritisierten „Choc des patois en Nouvelle-France" hat Philippe Barbaud 1984 einen Erklärungsansatz für dieses Paradoxon präsentiert: Ausgehend von den Anworten auf die Enquête des Abbé Grégoire (1794) zieht er - im wahrsten Sinne des Wortes - Rückschlüsse auf die Muttersprachen der Kolonisten des 17. Jahrhunderts. Dabei unterscheidet er drei Kategorien: a) patoisants, d.h. Sprecher, die ausschließlich ihres Patois mächtig sind, b) semi-patoisants, die zumindest über passive Kenntnisse des „parler françoys" (so die Bezeichnung Barbauds für die zentrale Varietät des Französischen) verfügen und c) francisants, die den „parler françoys" oder eine typologisch sehr nahe stehende Varietät sprechen. Bei seinen Extrapolationen kommt er zu etwa je einem Drittel auf francisants, semi-patoisants und patoisants. Um einen „choc des patois" handelt sich laut Barbaud nun deshalb, weil folgendes Szenario anzunehmen sei:

> „Le peuplement de la colonie sous le régime français fut à ses débuts une entreprise qui a eu pour effet de soustraire des locuteurs natifs à l'ordre séculaire des pratiques linguistiques de manière brutale et ponctuelle. Déracinés de leur pays natal, transplantés dans un espace vital aussi vierge que réduit, ces sujets parlants se sont heurtés aux difficultés de la communication verbale dans sa dimension la plus vernaculaire. Ils ont été les acteurs du désordre linguistique qui a dû régner pendant un certain temps. Mais le besoin impérieux d'en revenir à un ordre plus stable les a poussés à modifier leur comportement linguistique aux autres. Ils ont appris à devenir bilingues. Ils ont finalement opté pour l'unilinguisme françoys." (BARBAUD 1984, 183)

Bei diesem sich im Kreis der Familie abspielenden Sprachwechselprozeß (außerfamiliäre soziale Kontakte, die sicher auch eine Rolle gespielt haben dürften, bleiben unberücksichtigt) zeichnet sich nun der parler françoys durch eine besondere Dominanz aus; die Hauptrolle bei der Weitergabe des parler françoys spielen die Frauen - in ihrer Funktion als Mütter, und dabei scheint es schon zu genügen, daß die betreffende Frau semipatoisante ist, um in der Generation der Kinder eine Tendenz zur entstehenden französischen Koiné zu bewirken. Nach Barbauds Berechnungen waren im Jahre 1663 bei 70 % der Paare zumindest ein Partner „locuteur françoys" (vgl. BARBAUD 1984, 182). Dieser Prozeß, der dazu geführt hat, daß das Französische zur Muttersprache der Québécois wird, sei bereits zwischen 1680 und 1700 abgeschlossen gewesen, weshalb die sprachliche Rolle der Kolonisten des 18. Jhdts. zu vernachlässigen ist.

Die Kritik an Barbauds Erklärungsansatz betraf vor allem die ausschließliche Beschränkung auf diatopische Aspekte der sprachlichen Zuordnung der Kolonisten: Aus einer Analyse strittiger Fragen der Norm im 17. Jahrhundert und dem Vergleich mit den Entscheidungen, die im kanadischen Französisch getroffen wurden, erkennt L. WOLF (1991), daß - entgegen den Erwartungen - nicht einfach der in Frankreich als populär oder schlecht geltende Gebrauch in Kanada dominiert. Daraus läßt sich auf ein relativ höheres sprachliches Niveau der Kolonisten schließen, als man aufgrund der Ausführungen Barbauds anzunehmen geneigt ist. Fest steht, daß die Kolonisten in höherem Maße alphabetisiert waren als der Durchschnitt der Bevölkerung (vgl. L. WOLF et al. 1987, 14f.) - und Alphabetisierung bedeutet für Nordfrankreich den Kontakt mit der im Entstehen begriffenen Standardnorm. Niederehe (1987) geht noch weiter und nimmt an, daß die Kolonisten eine „idée plus ou moins claire du bon usage" (NIEDEREHE 1987, 197) gehabt hätten - woraus folgendes resultiere: „Ils laissaient donc dans l'Ancien Monde les variantes classées comme 'vulgaires' [...] et, dans le Nouveau Monde, ils abandonnaient vite ces variantes diatopiques, auxquelles ils croyaient découvrir une teinte de 'vulgaire'." Die Einwände gegen Barbauds Erklärungsansatz lassen sich auf die folgende Formel bringen: die spätere sprachliche Homogenität der Kolonisten war bereits vor ihrer Ankunft in der Nouvelle-France angelegt - entweder weil die dialektalen Unterschiede in Frankreich überschätzt werden (d.h. die gegenseitige Verständigung möglich war) oder weil die Auswanderer aufgrund ihres sozialen Status (urbane Herkunft, Reisen, überdurchschnittlicher Bildungsgrad etc.) keine reinen patoisants waren, die sich nicht hätten verständigen können.

Die gegen Barbaud vorgebrachten Einwände relativieren die „choc"-Hypothese, in dem Sinne, daß ein traumatisches Aufeinandertreffen von Sprechern mit unterschiedlichen Muttersprachen, die die gegenseitige Verständigung beeinträchtigen, nicht stattgefunden hätte. Im Prinzip sind zwischen Barbauds These der Distinktivität und der diametral entgegengesetzen Annahme der vorgegebenen Homogenität aber alle Schattierungen denkbar. Und wenn schon die Mehrzahl der Kolonisten des Französischen mächtig war, ist kaum auszuschließen, daß diese Sprecher bilingual waren, also gleichzeitig auch und wahrscheinlich sogar hauptsächlich einen patois verwendeten. Es ist also sicherlich von einem Sprachwechsel auszugehen, dergestalt, daß aus Zweisprachigen einsprachig Frankophone wurden (vgl. zur gesamten Problematik die Beiträge in MOUGEON/BENIAK 1994).

Bei dem Sprachwechselprozeß, wie er wahrscheinlich in der Nouvelle-France stattgefunden hat, werden genauso wie bei anderen Entstehungsprozessen von regionalen Varietäten Merkmale der Dialekte auf die neu entstehende Sprachform übertragen; Archaismen, Innovationen und Adstrateinflüsse sind ebenso zu beobachten.

Im folgenden beschreiben wir wesentliche Merkmale[33] des *français québécois*, und zwar in zwei Etappen: Zunächst steht der familiäre bzw. populäre Sprachgebrauch im Vordergrund, dann wird versucht, innerhalb dieser diastratisch/diaphasisch markierten Varietät jene Merkmale zu bestimmen, die von den Sprechern selbst als zur eigenen Standardvarietät gehörig empfunden werden.

Die Darstellung beruht im wesentlichen auf WALKER 1979, GENDRON 1986, MAURY/TESSIER 1991, POIRIER 1980, RÉZEAU 1987, BIBEAU 1993, CAJOLET-LAGANIÈRE/MARTEL 1993 sowie auf eigenen Beobachtungen.

5.1.3.1 Merkmale des familiären bzw. populären *français québécois*

• Phonetik/Phonologie[34]:

Die überwiegende Mehrzahl der Besonderheiten sind entweder Archaismen oder Verstärkungen von in den relevanten gallo-romanischen Dialekten vorkommenden Tendenzen. Besonders auffällig sind:

- die Assibilierung von [t,d] vor den vorderen Vokalen bzw. Halbkonsonanten [i,y,j,ɥ] und
- die Öffnung bzw. Schwächung der geschlossenen Vokale [i, y, u], vor allem (aber nicht nur) in geschlossenen Silben. Diese Eigenheiten ergeben z.B. für die Wörter

tu	folgende Aussprache in Québec:	[tˢy]
syndicat		[sẽdᶻɪka]
Baptiste		[batˢɪst]
costume		[kɔstˢʏm]

---

[33] Die Auswahl wird durch den Umstand erschwert, daß „in popular CF [=Canadian French], as elsewhere, a considerable amount of individual variation may occur" (WALKER 1979, 139).

[34] Dazu grundlegend GENDRON 1966, JUNEAU 1972 und WALKER 1984.

bouche	[bʊʃ]
tuile	[tˢɥɪl]
difficile	[dᶻɪfɪsɪl]

Die Schwächung geht in unbetonter Stellung bis zur Synkopierung: *politique* [pɔltˢɪk], *citrouille* [stʀuj].

- die Bewahrung der Auslautkonsonanten, die in Frankreich bereits ab dem 13. Jhdt. aus der Aussprache verschwinden: *tout* [tʊt], *but* [bʏt], *plus* [plʏs].
- die häufige Vereinfachung von Konsonantenverbindungen (auch im frç. pop. hex.): *probable* [pʀobab], *autre* [ot], *ministre* [mɪnɪs] etc.
- die Bewahrung älterer bzw. dialektaler Lautstände beim Diphthong <oi>:
  moi [mwɛ], *froid* [fʀɛt] - neben [wa] bzw. [wɑ].
- der Erhalt des *a postérieur* [ɑ], das häufig wie ein [ɔ] klingt: *ce temps-là* [...lɑ], *ça va ?* [... vɔ].
- das besonders für Franzosen seltsam anmutende System der Nasalvokale, vor allem wenn
  [ɛ̃] > [ẽ]: *vin* [vẽ]
  [ɑ̃] > [ɛ̃ / æ̃]: *enfant* [ɛ̃fɛ̃], *vent* [vɛ̃]
  betroffen sind.
- die Diphthongierung von (langen) Oral- und Nasalvokalen: Es handelt sich dabei nicht – wie man annehmen könnte – um einen englischen Adstrateinfluß, sondern zweifelsohne um ein französisches Phänomen; ihr Ursprung ist noch nicht hinreichend geklärt.[35] Die Diphthongierung ist nicht in ganz Québec verbreitet, und ihre Resultate können unterschiedlich ausfallen; hier nur einige Beispiele:
  père [pɛːʀ] → [paiʀ, paeʀ], *bonbon* [bõbõ] → [bɑɔ̃bɑɔ̃], *conquis* [kõki] → [kɔ̃uki], part [paʀ] → [pɑuʀ], côté [kote] → [koᵘte] u.ä.
  Das Auftreten der Diphthongierung kann stilistisch begründet sein (etwa bei gleichzeitigem accent d'intensité) und auch als Marker (z.B. einer Gruppenzugehörigkeit) fungieren (vgl. MAURY 1993).

---

[35] Zur kontroversiellen Diskussion um den Ursprung der Diphthongierung (erklärbar aus dem Sprachgebrauch des 17. Jhdts. vs. Reflex der Dialekte des Westens, Nordens und Nordwestens) vgl. DAGENAIS 1986 u. 1993 sowie Kap. III (Table ronde) in HORIOT 1991.

- apikale Aussprache von /ʀ/: Der phonetische Wandel von apikalem [r] zu uvularem [ʀ], der in Frankreich ab dem 17. Jahrhundert vonstatten ging, scheint in Québec in den letzten Jahrzehnten vollzogen worden zu sein. Das früher als besonders typisch für Montréal angesehene apikale [r] ist deutlich seltener geworden (vgl. CLERMONT/CEDERGREN 1979, 13f.; MAURY/TESSIER 1991, 71)
- die Öffnung von [ɛ] > [a], besonders vor [ʀ]: *gercer* [ʒaʀse], *terre* [taʀ]
- die Längung vortoniger Vokale oder Diphthonge, was den typisch kanadischen Sprechrhythmus ausmacht: *je comprends* [ʃkɔ̃ː pʀɛ̃], *du beau parler français* [dyboː paʀlefʀɑ̃ː sɛ]

• Morphologie und (Morpho-)Syntax:

Unterschiede zum hexagonalen Französisch sind vor allem bei den Personalpronomen, den Verbalparadigmen und dem Artikel festzustellen. Das kanadische Französisch weist eine Vielzahl von analogischen Bildungen bzw. Konkurrenzformen (=Archaismen) auf, z.B.: *ils se mari*[s][36] (vgl. *je finis - ils finissent*); *il se tai*[z] (Analogie zu den Pluralformen[37]); *il bouille* („regelmäßige" Ableitung vom Infinitiv *bouillir*); *je vas, il s'assisent* (arch. Konkurrenzform, dial.), *vas-y pas* „n'y va pas", *dis-moi-le* „dis-le-moi".
Die Formen der Subjektspronomen und des Artikels sind durch den Ausfall von intervok. *-l-* reduziert: z.B. *la* → [a]: *c'est pas la même chose* [sepɑ a mɛmʃoz]; *elle* → [a]: *elle ouvre* → [a uv] (gleichzeitige Öffnung des ɛ).
Das kanad. Franz. bewahrt mit höherer Frequenz die verstärkte Form des Personalpronomens der 1., 2. und 3. P. pl.: *nous-autres, vous-autres, eux-autres* statt fr. hex. *nous, vous, eux*.
Wie auch im fr. pop. treten analogische Formen bei der Bildung des Femininums und des Plurals auf: *avare -avar*[d], *cru - cru*[t], *canal* - pl. *can*[al], etc. Eine dem frç. pop. vergleichbare Interrogativpartikel - [tˢi] bzw. häufiger [tˢy], die sowohl bei Entscheidungsfragen als auch bei Ergänzungsfragen an das finite Verb angehängt wird, existiert ebenfalls; beim zweiten Fragetyp steht die Partikel statt *est-ce que*: *T'as-*[tˢi] *un char?, Il y avait-*[tˢy] *des affaires spéciales? Quel jour c'est-*[tˢi]? *Où c'est-*[tˢi] *que tu vas*?
Beispiele für weitere Archaismen, die von der im 17. Jhdt. fixierten Norm des Französischen nicht mehr berührt wurden: *hésiter de* (statt *à*), *avoir*

---

[36] Phonetische Umschrift in Klammer bedeutet, daß die betreffende Form nur im code phonique vorkommt.
[37] Von PÉRONNET 1989, 230 als Archaismus klassifiziert (mfr. *soi taisier*)

confiance à (statt *en*), *à* statt *par* beim Agens in der voix passive, *être après* + inf. („être en train de"), *à cause que* „parce que", Bewahrung von *que* statt *qui* als Relativpronomen (vgl. OFFROY 1975).
Auf englischen Adstrat-Einfluß ist die Anteposition des attributiven Adjektivs zurückzuführen (in Fällen, wo sie im hex. Französisch nicht möglich oder unüblich ist): *un réputé ingénieur, le controversé débat* etc. [vgl. Kap. 2.3].

• Lexikon:

In weiten Bereichen ist der Wortschatz des *français québécois* deckungsgleich mit jenem des hexagonalen Französisch, wodurch ungeachtet gegenteiliger Behauptungen (vor allem von Franzosen) eine uneingeschränkte Kommunikation mit Sprechern aus anderen Teilen der Frankophonie sichergestellt ist. Im Detail, d.h. in den Feinstrukturen des Wortschatzes, verbergen sich aber hinter vielen dieser Übereinstimmungen Unterschiede, weil z.B. Wortfelder nicht identisch gegliedert sind und/oder unterschiedliche Verwendungshäufigkeiten vorliegen: Während in Frankreich *voiture* das üblichste Wort für „Auto" darstellt, wird in Québec in der Regel *char* (Lehnbedeutung von engl. *car*) verwendet, die Synonyme *automobile* und *auto* haben andere Gebrauchsbedingungen und sind anders konnotiert (vgl. POIRER 1980, 54f.). Martel (1984), der das *français fondamental* mit dem *québécois fondamental* verglichen hat, kommt zu dem Ergebnis, daß u.a. die Gliederungssignale *alors* und *enfin*, das Adverb *très* und das Verb *voir* im gesprochenen Französisch in Québec seltener vorkommen, *puis*, *bien* und *savoir*[38] dagegen häufiger sind als im hexagonalen Sprachgebrauch.

Abgesehen davon, haben die historischen, sozialen und geographischen Rahmenbedingungen, unter denen das Französische in Nordamerika implantiert wurde und unter denen es heute seine Funktion erfüllen muß, zu verschiedenen Unterschieden geführt; Poirier (1980) folgend, gliedern wir sie hier in fünf Gruppen: Archaismen, Dialektalismen, amerindianisches Adstrat, anglo-amerikanisches Adstrat, Innovationen (vgl. dazu auch MARTUCCI 1988).

---

[38] Bei *voir* bzw. *savoir* handelt es sich um Vorkommen als Gliederungssignale oder Gesprächswörter wie *voyons voir, tu sais* u.ä.

- Archaismen: Die Abtrennung vom Mutterland hat bewirkt, daß älteres Wortgut, das in Frankreich verdrängt wurde, in Québec erhalten geblieben ist, z.B. *brunante* „tombée du jour“, *s'écarter* „s'égarer“, *venir/s'en venir* „devenir“, *la poison* „le poison“, *noirceur* „obscurité“ (fr.hex.mod.: „méchanceté extrême, perfidie“), *mitaine* „moufle“, *gageure* „pari“, *œuvrer* „travailler“, *souvent,-e* (Adj.), *menterie* „mensonge“, *à cette heure* [astœʀ] „maintenant“, *vis-à-vis* „vis-à-vis de“ usw.
- Dialektalismen: Die Zuordnung zu dieser Kategorie ist schwierig, weil ausgeschlossen werden müßte, daß das betreffende Element auch in der Gemeinsprache existiert hat. Wahrscheinliche Dialektalismen sind z.B.: *achaler* „importuner, ennuyer“ (NW), *casser* (*des fraises, des pommes* etc.) „cueillir“ (NW,W), *doux-temps* „période de dégel“ (NW,W), *tralée* „grande quantité de...“ (N,NW,W).
  Zu den Archaismen bzw. Dialektalismen gehören wahrscheinlich viele der früher als Innovationen[39] interpretierten Bedeutungserweiterungen von „termes maritimes“ (vgl. JUNEAU 1991): *amarrer* „attacher“, *l'autre bord de la rue* „ ... côté ...“, *débarquer* (d'une voiture etc.) „descendre“, *chavirer* „devenir fou“, *au large* „au loin, loin des habitations“, *virer* „tourner“ etc.
- Amerindianismen: Die meisten Entlehnungen aus Indianer-Sprachen stammen aus dem 17. Jahrhundert, als der Kontakt zur eingeborenen Bevölkerung durch die *coureurs des bois* am stärksten war. Sie dienen hauptsächlich zur Bezeichnung von Realia (Fauna, Flora), z.B.: *atoca* „plante des marais à baies rouges, la baie elle-même“, *carcajou* „espèce de blaireau“, *ouaouaron* „grenouille géante de l'Amérique du Nord“, *ouananiche* „espèce de saumon d'eau douce“, *maskinongé* „poisson apparenté au brochet“. Die deutlichsten Spuren haben die Kontakte mit den Indianern in der Toponymie hinterlassen: z.B. *Canada* < irok. *kanata* „Dorf, Siedlung“, *Québec* < algonq. *kebec* „Verengung“
- Anglizismen: Lexikalische Anglizismen sind in der Regel gemäß dem phonologischen System des Französischen angepaßt, was sich z.T. in der Orthographie spiegelt: *drave* „flottage du bois“ (<drivè), *bines* „haricots, fèves“ (< beans), *smatte* (< smart), *une toune* „mélodie, chanson“ (< tune), *lousse* (< loose) vs. *fun, cute, job* (f.), *chum* „copain,

---

[39] Wegen der großen Bedeutung des Verkehrs zu Wasser (keine Straßenverbindung zw. Montréal u. Québec vor 1735; 1860 erste Brücke über den St. Laurent) lag es nahe, dieses Phänomen als kanadische Innovation zu betrachten (vgl. DULONG 1970, 331f.)

ami", *cheap* „bon marche; de qualité médiocre" usw. Semantische Anglizismen sind - besonders für nicht muttersprachliche Sprecher des Französischen - eher unauffällig, aber wahrscheinlich noch zahlreicher als direkte Entlehnungen. Die folgenden Beispiele stammen u.a. aus einer Belegsammlung von Québecismen (RÉZEAU 1987) und BIBEAU 1993: *centre d'achats* (< shopping centre) „centre commercial", *prendre une marche* (< to take a walk) „faire une promenade", *chambre* „pièce, local" (< room), *parade* „défilé", *à l'effet que* + inf. „selon + pr. relatif; voulant que" (... *les déclarations à l'effet que* ...; < to the effect that; fr. hex. *à l'effet de* „en vue de"), *habileté* „compétence, expérience" (< ability, fr.hex.: „adresse"), *tapis mur à mur* „moquette" (< wall to wall carpet), *s'identifier* „présenter son identité" (< to identify oneself), *inspecter* „vérifier" (< to inspect), *mature* (en parlant d'une personne) „mûr" (< mature), *annonces classées* „petites annonces" (< classified ads), *longue-distance* „interurbain" (< long distance), *s'objecter à* „s'opposer à" (< to object), *bureau-chef* „siège social" (< head office), *sur la rue* „dans ..." (< on the road), *parade* „défilé".
Die Anglophobie der Québécois hat dazu geführt, daß Anglizismen, die in Frankreich einen festen Platz im Wortschatz haben, durch genuin französische Bildungen ersetzt werden: *interview* → *entrevue*, *faire du shopping* → *magasiner*, *week end* → *fin de semaine*, *stop* → *arrêt* (Verkehrszeichen), *fax* → *télécopie*, *ferry-boat* → *traversier* etc.

- Innovationen im Wortschatz haben als Ursprung oft besondere, mit der spezifischen kanadischen Umwelt zusammenhängende Bezeichnungsbedürfnisse: *motoneige* „véhicule pour se déplacer sur la neige", *chevreuil* „espèce de cerf", *érablière* „peuplements d'érables à sucre", *frasil* „cristaux ou fragments de glace flottant à la surface de l'eau", *poudrerie* „neige sèche et fine que le vent soulève en tourbillons", *bleuetière* „terrain où poussent des bleuets (=espèce de myrtille)", *bordée de neige* „chute de neige (abondante)", *cégep* (collège d'enseignement général et professionnel) etc.

Die schwächere Präsenz der Norm des „bon usage" hat - wie auch in anderen peripheren Gebieten der Frankophonie - eine weitergehende Ausnützung der vom System des Französischen vorgegebenen Möglichkeiten zur Folge: *dépanneur* „petit magasin qui reste ouvert hors des heures d'ouverture normales" (fr.hex.: „technicien, électricien etc. chargé de dépanner"), *débarbouillette* „carré de tissu-éponge dont on se sert pour se

laver" (fr.hex.: *gant de toilette*), *avionnerie* „usine d'avions". Besonders augenfällig ist die Feminisierung von Berufsbezeichnungen, z.B.: *professeure, mairesse, auteure, écrivaine, présidente* etc.
Auch der starke gesellschaftliche Einfluß der katholischen Kirche hat im kanadischen Französisch seine Spuren hinterlassen, z.B. in Form von Flüchen und Interjektionen (bzw. Gesprächswörtern), die Lexeme aus dem Sakralbereich sind: *christ/crisse* [kRis], *hostie* [sti] etc.

5.1.3.2 Umrisse der Standardnorm

Die im Entstehen begriffene Standardnorm - wie sie insbesondere von einem Teil der *annonceurs* (nicht *speakers*!) des kanadischen Radios und Fernsehens repräsentiert wird - läßt sich am besten als Adaptierung des hexagonalen Standardfranzösisch für nordamerikanische Bedürfnisse beschreiben: Einen festen Platz darin haben einige phonetische Besonderheiten, wie die Assibilierung von [t,d] und die Öffnung der geschlossenen Vokale. Andere phonetische Charakteristika scheinen nicht diesen Stellenwert zu genießen. U.a. nähert sich das System der Nasalvokale mehr dem europäischen Modell an, die alte Form [wɛ] wird gemieden, Diphthongierungen gelten in der formellen Mündlichkeit als unschön.[40]

Im Standardlexikon sind die typischen Elemente des kanadischen Sprachgebrauchs fest verankert; sie dürften die 1969 vom *Office de la langue française* tolerierten „canadianismes de bon aloi"[41] zahlenmäßig noch überschreiten. Feminisierungen sind der Normalfall; lexikalische Anglizismen sind in formeller Mündlichkeit und Schriftlichkeit tabu, was nicht ausschließt, daß sie ebenso wie die beschriebenen Calques und Lehnbedeutungen insbesondere in journalistischen Texten häufig sind. Die oben als Beispiele genannten Ersatzbildungen für „französische" Anglizismen sind gebräuchlich.

---

[40] Vgl. dazu auch die Liste der als zum „français oral soutenu" gehörig klassifizierten Merkmale in GAGNÉ/OSTIGUY/LAURENCELLE/LAZURE 1995, 77.

[41] In seinem Cahier „Canadianismes de bon aloi" (1969) veröffentlichte das *Office* eine Liste mit 62 Wörtern, die vom europäischen Gebrauch abweichen, aber toleriert werden. Obwohl noch immer stark puristisch im Bereich der Morphologie und Phonetik, geht das *Office* im Wortschatz von seinen strengen Kriterien („double emploi") ab, und im Vorwort steht zu lesen: „[...] un alignement aveugle sur le lexique parisien ne risquerait-il pas d'inculquer aux sujets parlants québécois le sentiment d'une infériorité culturelle et linguistique, sur des points où elle ne serait nullement justifiée." (OFFICE 1969, 4)

<u>Karte 7:</u> Kanada

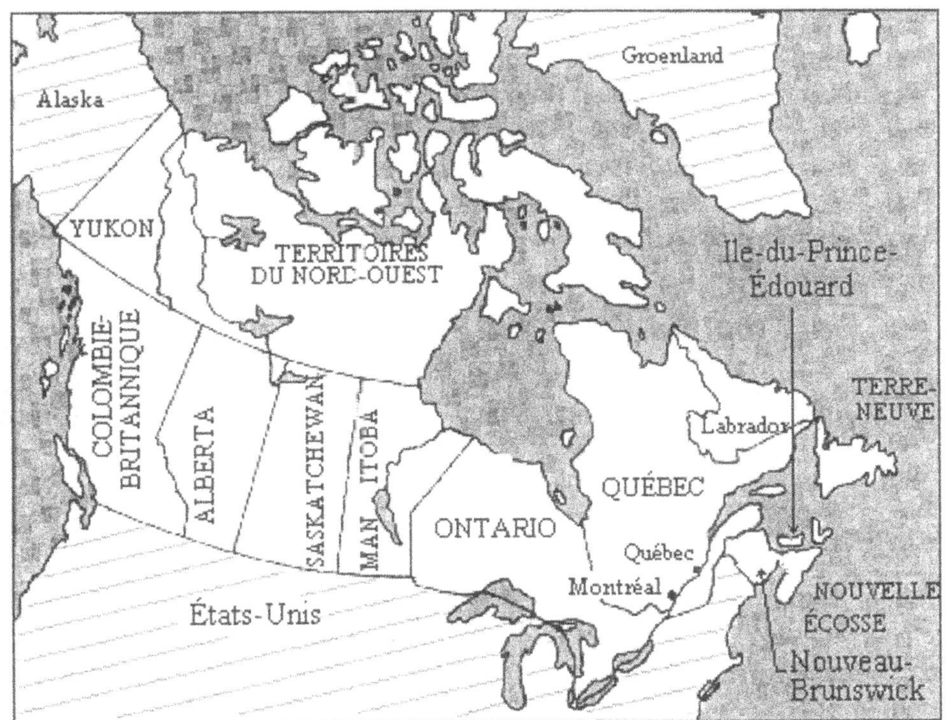

5.2 Acadie und andere frankophone Gebiete in Kanada

5.2.1 Acadie: Geschichte, Sprachenrechtliches, Merkmale des *français acadien*

Noch älter als die Besiedlung Québecs ist jene von Acadien (heute Nouvelle-Écosse/Nova Scotia): Bereits im Jahre 1604 wird Port-Royal (heute Annapolis) gegründet. Dieses zweite frankophone Siedlungsgebiet in Nordamerika kommt bereits 1713 an England (Vertrag von Utrecht). Die frankophonen Siedler werden bis 1755 von den Engländern geduldet. Ab dann folgt bis 1763 die als „Grand Dérangement" bekannte gewaltsame Aussiedlung. Von den damals rund 15.000 Bewohnern flüchten viele nach Québec, nach Frankreich, auf die Antillen und in die Neu-England-Staaten (Vermont, Maine, Massachusetts, Connecticut, Rhode Island, New Hampshire); 3.000 bis 5.000 von ihnen begründen die Kultur der *Cajuns* ['keidʒən] in der 1699 begründeten dritten nordamerikanischen Kolonie, Louisiane (vgl. DULONG 1973, 407).

Die heutige Bevölkerungsverteilung entspricht nicht derjenigen vor der Aussiedlung, da Rückwanderer nicht mehr ihre alten, von den Engländern übernommenen Besitzungen zurückerhielten. Die etwa 250.000 Acadiens (vgl. ROSSILLON 1995, 74) besiedeln heute vornehmlich die Provinzen „Nouvelle-Écosse" (ca. 23.000), „Ile-du-Prince-Edouard" (ca. 3.000) und „Nouveau Brunswick" (ca. 226.000, 1/3 der Gesamtbevölkerung). Die Sprecherzahlen weisen sinkende Tendenz auf, da der Assimilationsdruck groß ist. Daran haben auch einige kleine Statusverbesserungen für das Französische seit den 70er Jahren nichts ändern können: Den legistisch günstigsten Status hat das Französische in „Nouveau-Brunswick", das seit 1969 die einzige offiziell zweisprachige Provinz Kanadas ist, 1980 wurde eine ausschließlich französischsprachige Universität gegründet (Moncton), und 1981 erfolgte die volle rechtliche Gleichstellung beider Sprachgemeinschaften (Amtssprachengesetz, Loi 88).

In den beiden anderen Provinces maritimes geht der rechtliche Status des Französischen kaum über das in der Verfassung von 1982 festgelegte Recht auf Scholarisierung in der Muttersprache hinaus.

In allen drei Provinzen ist französisch-englischer Bilingualismus in der Gruppe der Frankophonen weit verbreitet und führt in der spezifischen Minderheitensituation zu häufigen Unsicherheiten bei der Sprachenwahl (vgl. PÉRONNET 1993, 102). Längerfristig fördert dies den Übergang zum Englischen.

Das akadische Französisch deckt sich in vielen Bereichen mit dem *français québécois*, ist aber generell archaischer bzw. führt alte Tendenzen in stärkerem Maße fort (vgl. zum folgenden WALKER 1979, PÉRONNET 1989 u. 1993).

Besonders auffallend sind im Bereich der **Phonetik**

- die Palatalisierung von [k,g] und [t,d] vor vorderen geschlossenen Vokalen und Halbvokalen: *cuire* [tʃyir], *qui* [tʃi], *tiens* [tʃɛ̃], *Acadien* [akadʒɛ̃][42]
- die Bewahrung des *h aspiré* (als konsonantisches Phonem) und die Entwicklung eines unetymologischen [h]: *haut* [ho] vs. *eau* [o], *aigre* [hɛg]

Die **Morphologie** ist ebenfalls durch Archaismen/Dialektalismen gekennzeichnet:

- Verbalendung *-ont* in der 3. P. pl./*-ons* in der 1. P. pl. in Verbindung mit dem Pronomen *je*: *ils travaillont, j'avons* „nous avons"
- Generalisierung von *avoir* als Auxiliar
- umgekehrte Abfolge der Personalpronomen beim bejahten Imperativ (vgl. Québec)

In der **Syntax** stößt man u.a. auf ältere Formen bei der Verwendung der Präpositionen *(aider à qn, la fille à Emile, aimer de* + inf.), die auch im frç. pop. zu beobachtende Zeitenverwendung im hypothetischen Satz (si + cond.) und Calques aus dem Englischen: *Tu peux toujours appliquer pour des bourses* (< to apply for).

Auch das **Lexikon** ist von Anglizismen geprägt; neben vielen älteren und in das phonologische System integrierten, finden sich in neuerer Zeit viele Luxusentlehnungen, z.B. [watʃe] für *regarder*. Archaismen bzw. Dialektalismen sind z.B. *châssis* „fenêtre" (dial.), *bailler* „donner" (arch.), [elwɛz] „éclair" (arch.), *menterie* „mensonge", *garrocher* „lancer, jeter".

5.2.2 Ontario und die Provinzen des Westens

Schon in der Frühzeit der Kolonisierung der Nouvelle-France stießen französische Waldläufer und Siedler nach Westen vor.

Die zahlenmäßig größte frankophone Gemeinschaft, die durch Auswanderung aus Québec im Laufe des 19. Jhdts. entstanden war, findet sich in der Provinz **Ontario** (knapp 500.000 Frankophone bei Berücksichtigung der Bilingualen). In den letzten drei Jahrzehnten kam es zu einer

---

[42] Dieses Merkmal erklärt die Lautung von *cajun/cadjin/cadien*: engl. ['keidʒən], frz. [kadʒɛ̃].

teilweisen Offizialisierung des Französischen (französischsprachiges Fernsehen, Bilingualismus in Teilen der öffentlichen Verwaltung, Schaffung eines französischen Primar- und Sekundarschulwesens) (vgl. MOUGEON 1993, MOUGEON/BENIAK 1995). Eine geraffte Darstellung des Französischen in Ontario gibt THOMAS 1989; wesentliche externe Faktoren, die seine Erscheinungsformen beeinflussen, sind die Abwesenheit eines „organisme centralisateur", wodurch teils archaischere, teils innovativere Lösungen als im français québécois ermöglicht werden, sowie die stärkere Dominanz des Englischen.

In den anderen Provinzen überschreitet der frankophone Bevölkerungsanteil kaum die 4-%-Marke der jeweiligen Gesamtbevölkerung (offizielle Daten von Statistique Canada/Französisch als Muttersprache und Zweisprachige mit Englisch: Alberta: 59.065 = 2,34 %; Saskatchewan: 22.430 = 2,3 %; Manitoba: 52.080 = 4,83 %; Colombie-Britannique: 53.460 = 1,64 %; Yukon: 930 = 3,36 %; Territoires du Nord-Ouest: 1.505 = 2,62 %; vgl. http://www.statcan.ca). Obwohl das Französische zum Teil formalrechtlich geschützt ist, nehmen die Sprecherzahlen wegen des enormen Assimilationsdrucks und der weitgehend negativen Einstellung zum Französischen von seiten der Anglophonen ab (vgl. dazu insbesondere ZWARUN 1993, die das antifranzösische Klima skizziert).

5.3 Louisiana

5.3.1 Geschichte des Sprachraumes, Typologie der Frankophonen, Sprachenrechtliches

Das Gebiet des späteren Louisiana wurde im 16. Jahrhundert von den Spaniern erforscht, ohne daß dies zu einer Besiedlung und Eingliederung in das Spanische Kolonialreich geführt hätte. 1682 nahm Robert Cavelier de la Salle, der von Kanada nach Süden vorgestoßen war, das riesige Territorium zwischen den Großen Seen und dem Golf von Mexiko für Frankreich in Besitz; zu Ehren Ludwigs XIV. nannte er es *Louisiane*. Es dauerte jedoch noch mehr als 30 Jahre, bis die neue Kolonie wirklich aufblühte. Im Jahre 1717 wurde das Gebiet der Compagnie des Indes von John Law anvertraut (bis 1731), ein Jahr später Nouvelle-Orléans gegründet. Durch gezielte Propaganda nahm ab dieser Zeit die Zahl der Immigranten aus dem Mutterland zu. Als die französische Herrschaft 1763 zu Ende ging und Louisiana an Spanien fiel, zählte das Land rund 10.000 Bewohner, etwa die Hälfte davon waren schwarze Sklaven, die für die Plantagenwirtschaft (Zuckerrohr) benötigt wurden.

Zwischen 3.000 und 5.000 Acadiens, die von den Engländern vertrieben wurden, siedelten sich zwischen 1755 und 1785 - oft nach längeren Umwegen über die Antillen oder Frankreich - in Louisiana an. Sie wurden von den Spaniern wohlwollend aufgenommen und erhielten Land. Im Gefolge der Sklavenaufstände auf Saint-Domingue (später Haiti) ab 1791 flüchteten bis 1810 etwa 10.000 Weiße und Farbige (Freie und Sklaven) nach Louisiana.

Von 1800 bis 1803 wird Louisiana noch einmal französisch, dann wird die Kolonie von Napoléon an die Vereinigten Staaten verkauft. 1812 wird es ein eigener Bundesstaat und bleibt, mit kleinen Konzessionen, bis 1968 formal ein einsprachig englisches Gebiet.

Karte 8: Louisiana (hellgrau: Gebiete mit größerem frankophonen Bevölkerungsanteil)

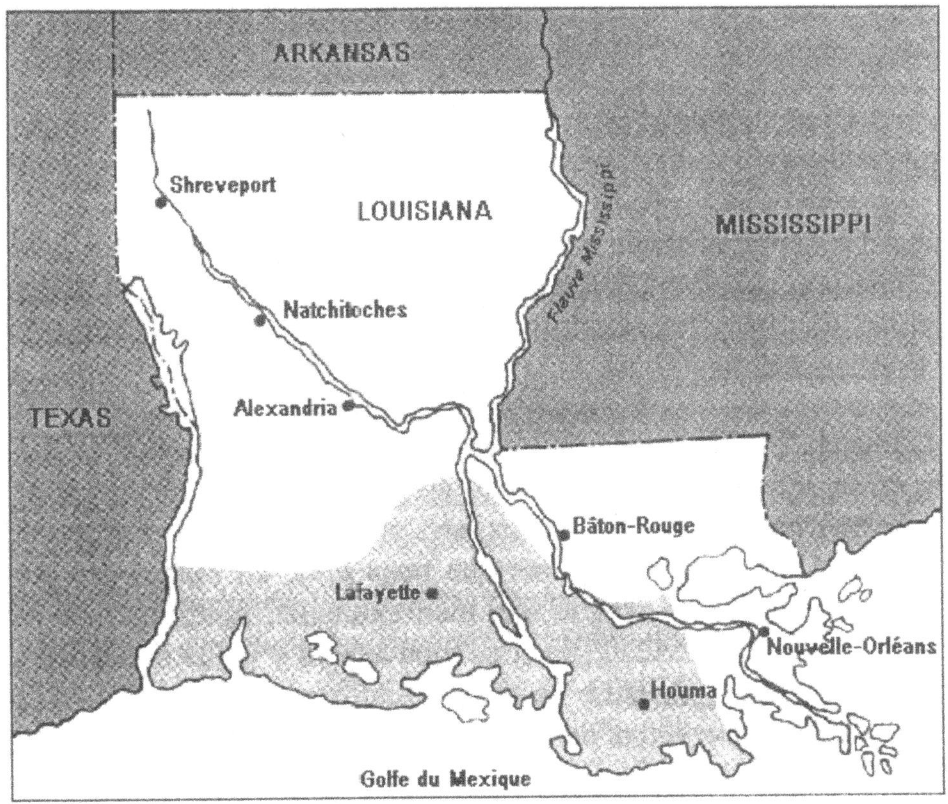

Die im weitesten Sinne als frankophon geltende Bevölkerung Louisianas setzt sich aus drei Gruppen zusammen (vgl. DORAIS 1993, 140f.):

- Die „Créoles (blancs)“: Das sind die sich selbst als Aristokratie einschätzenden Nachkommen der ersten aus Frankreich stammenden Kolonisten. Ihre Sprache („français colonial“) steht der hexagonalen Norm sehr nahe. De facto ist diese Gruppe aber heute ausgestorben: Smith-Thibodeaux (1977, 48) spricht von drei bis vier Tausend Sprechern, Dorais (1993[1983], 140) geht von „quelques dizaines de locuteurs“ aus. In der Selbstbezeichnung „créoles“ ist die ursprüngliche Bedeutung des Begriffs, nämlich „in einer Kolonie geboren, aber von europäischer Abstammung“, bewahrt. Bis zum Sezessionskrieg (1860 - 64) waren sie als Plantagenbesitzer die Träger der wirtschaftlichen Macht. Zuzug aus anderen amerikanischen Bundesstaaten und die wirtschaftliche Modernisierung führten schließlich zu ihrer Minorisierung und dem fortschreitenden Aufgehen in der anglo-amerikanischen Kultur, sodaß das Standardfranzösische spätestens seit dem Ende des 19. Jahrhunderts in Louisiana keine Rolle mehr spielt.
- Die „Cajuns“: Sie sind die Nachkommen der aus Acadien vertriebenen französischen Kolonisten und die in ihrer Gruppe aufgegangenen Zuwanderer anderer Herkunft (z.B. Italiener, Deutsche, Iren). Ursprünglich Fischer und Bauern, erweitern sie ihre Erwerbszweige um das Jagen und Fallenstellen. Ihre Siedlungsgebiete lagen im westlichen, früher durch die Sümpfe vom übrigen Land abgeschnittenen Teil Louisianas. Da sie und ihre Sprache (*cajun*) von den Créoles blancs, die auf ihre französische Abstammung besonderen Wert legten, verachtet wurden, nannten sie sich selbst z.T. auch *Créoles* oder *Français*. Die Anglisierung erfaßte auch diese Bevölkerungsgruppe: Die Industrialisierung (angetrieben durch die Entdeckung von Erdölvorkommen) und die Mechanisierung der Landwirtschaft haben die traditionellen Lebensformen verändert, 1916 wurde die Schulpflicht (ab 1921 ausschließlich in Englisch) eingeführt. Schließlich haben die aufkommenden elektronischen Massenmedien das Englische in alle Haushalte getragen. Ab der Mitte dieses Jahrhunderts haben die meisten Cajuns aufgehört, das gesellschaftlich funktionslos gewordene Französisch an die nächste Generation weiterzugeben, sodaß heute nur mehr ganz wenige ältere Menschen monolinguale Französischsprecher sind; die mittlere Generation ist vielfach aktiv oder passiv zweisprachig (Französisch/Englisch), die jüngste Generation mehrheitlich einsprachig anglophon (vgl. TRÉPANIER 1993, 385).

1990 bezeichneten sich 260.000 Personen als frankophon, die Kreolsprecher (siehe unten) mit eingeschlossen - dies dürfte eine realistische

Sprecherzahl sein. Die amerikanische Volkszählung von 1980 ergab, daß 930.000 Personen französischer Abstammung sind (vgl. ROSSILLON 1995, 75 u. 76).

- Die „Créoles (noirs)": Die Nachfahren der Sklaven - ethnisch entweder Schwarze oder Mischlinge - bezeichnen sich ebenfalls als „créoles", eine Bezeichnung, die von den Créoles blancs abgelehnt wird. Ihre stark stigmatisierte Sprache steht dem Kreolischen von Haiti und Martinique nahe, weist aber mehr Affinitäten zum Französischen auf, weshalb die Kreolsprecher Louisianas in der Literatur üblicherweise als frankophon geführt werden. Optimistische Schätzungen gehen von 60.000 - 80.000 Sprechern aus (vgl. NEUMANN 1985, 20), davon auch mehre Tausend Weiße. Dorais (1993[1983], 140) schätzt ihre Zahl wahrscheinlich realistischer auf 40.000.

Mitte der 60er Jahre beginnt sich unter gebildeten Cajuns Unmut angesichts des fortschreitenden Verschwindens des Französischen zu manifestieren - man wird sich bewußt, daß das Französische ein (vor allem wirtschaftlicher) Trumpf sein kann; diese Bewegung mündete Ende der 60er Jahre in eine Reihe von Gesetzen, die u.a. Louisiana zu einem zweisprachigen Bundesstaat machten und Französisch-Unterricht im Primarbereich vorsehen. 1971 wurde sogar im Süden Louisianas, wo die Dichte der frankophonen Bevölkerung am größten ist („French Triangle"), per Gesetz ein französischsprachiges Territorium namens „Acadiana" ausgewiesen.

Zur Konzertierung der Aktivitäten im Schulbereich wurde der CODOFIL (*Council for the Development of French in Louisiana*) geschaffen, eine Organisation, in der die politische und akademische Elite des Bundesstaates vertreten ist. Hauptanliegen, zumindest in der Anfangsphase des CODOFIL, war „le bilinguisme reconquis par l'enseignement et le français relié, rallié à la francophonie" (HENRY 1993, 30). Mit den aus diesen Zielvorgaben resultierenden Detailentscheidungen hängt der nur mäßige direkte Erfolg[43] der Bemühungen zusammen: Die wohl auch wirtschaftlich motivierte[44] Anbindung an die Frankophonie ging mit der Entscheidung einher, als Zielnorm für den Unterricht das „français

---

[43] Nichtsdestotrotz lernten im Schuljahr 1991/92 mehr als 77.000 Kinder im Primarschulbereich Französisch, das sind mehr als 4mal so viele wie 1972/73 (vgl. HENRY 1993, 34).

[44] So wurde für das Französische z.B. mit dem Slogan „Parler français, c'est de l'argent en poche" geworben.

international", d.h. die hexagonale Norm festzulegen. Wegen des fehlenden Lehrerpotentials war das Schulprogramm in den Anfangsjahren von der Kooperation mit frankophonen Partnern (Frankreich, Québec, Wallonien) abhängig. Die entsandten *coopérants* waren natürlich mit der spezifischen Ökologie und Problematik des Französischen in Louisiana nicht vertraut.

Zudem war das didaktische Konzept unausgereift: „[...] il consistait en un enseignement du français langue étrangère présenté à petites doses sans liens avec les divers réseaux de communication extra-scolaires et les domaines d'emploi des variétés vernaculaires." (VALDMAN 1996, 637). Die Wahl des Standardfranzösischen führte in die bestehende Diglossie noch eine zweite „high variety" ein, wodurch die Sprache der Cajuns noch mehr stigmatisiert wurde. Außerdem war mit dem Erwerb des Standardfranzösischen ein Ziel der betroffenen Eltern nicht erreicht: die Kinder in die Lage zu versetzen, mit ihren Großeltern kommunizieren zu können!

Die Unzufriedenheit mit dem Konzept des CODOFIL zog einerseits eine Nichtbefolgung der Bestimmungen bezüglich des Französischunterrichts (in manchen Bezirken) nach sich, trug andererseits - und dies sind die indirekten positiven Effekte der Aktivitäten des CODOFIL - zur „prise de conscience" der Cajuns bei: Man beginnt eine tragfähige Norm für den Unterricht zu definieren, die ab 1985 an die Stelle des français standard trat. Damit war auch der Grundstein für eine literaturfähige Verschriftung und Legitimierung des Cajun gelegt.

In den letzten Jahren wurde *cajun* ein positiv besetzter Begriff, der für die Mehrheit der Frankophonen in Louisiana Identifikationswert besitzt. Paradox dabei ist jedoch, daß sich die „identité cadjine" weniger über die Sprache als über die Abstammung und andere - vor allem im Hinblick auf den Tourismus wichtige - kulturelle Besonderheiten (Stichwort *ethnic food*) definiert. Eine Normalisierung des Französischen hat der Renouveau der letzten Jahrzehnte nicht bewirkt; es ist weiterhin „absent[e] de la vie de tous les jours" und kann als „langue culturelle de cérémonie" (TRÉPANIER 1993, 391) nur in der Musik und Folklore als Vehikel dienen.

5.3.2 Profil des Französischen in Louisiana

Die weiter oben vorgenommene Klassifizierung der Frankophonen und ihrer Sprachen in Louisiana ist nur ein Hilfskonstrukt zur besseren Beschreibung. In der Realität ist von einem sprachlichen Kontinuum, insbesondere zwischen dem französisch-basierten Kreol[45] und dem Cajun, das im folgenden im Vordergrund steht, auszugehen (vgl. VALDMAN 1996, 630). Die folgenden Beispiele stammen aus VALDMAN 1996, DORAIS 1993 und MAURY/TESSIER 1991:

• Phonetik/Phonologie:

- Bei den Vokalöffnungen und Assibilierungen wird besonders deutlich, daß das Cajun vom français acadien abstammt: *tu* [tˢy], *moitié* [mɔtʃe], *la honte* [hɔ̃t], *église* [eglɪz].
- Phonologisch relevant ist der Zusammenfall der Vokale [ɑ̃] und [ɔ̃], eine Tendenz, die es schon im Altfranzösischen gegeben hat und die im mod. frç. pop. ebenfalls zu beobachten ist.
- Bei mittleren und offenen Vokalen + *n* kann man die Konservierung der Nasalvokale feststellen (in Frankreich bereits ab dem 16. Jhdt. Tendenz zur Entnasalisierung): *vilaine* [vilɛ̃n].
- Vor [r] (in der Regel apikal realisiert) wird [a] oft zu [ɛ] bzw. [æ] geschlossen: *cher* [ʃær]; [e/ɛ] hingegen geöffnet (vgl. Québec): *Américains* [amarikẽ]

• Morphologie/Syntax:

Besonders auffallend hier wieder die Parallelen zum Acadien, so die Generalisierung von *avoir* (statt *être*) als Auxiliar und die Bewahrung von *-ont* als Verbalendung der 3. P. pl.: *j'ai resté* „j'ai habité", *ils connaissont* „ils connaissent", *vous-autres* statt *vous* sowie die umgekehrte Abfolge bei Personalpronomen nach dem Imperativ (vgl. Québec, Acadie).
Andere Merkmale wie analogieinduzierte Regularisierungen und Simplifizierungen der Oberflächenstruktur sind auch in anderen populären Varietäten anzutreffen (vgl. VALDMAN 1996, 642), so die „regelmäßige" Pluralbildung bei Nomen wie *cheval* (pl. *chevals*), Plural-*s* bei Numeralia, Konkurrenzierung von *nous* durch *on* und dadurch Vereinfachung des Verbalparadigmas, Neutralisierung der Genusdifferenzierung bei Adjektiven und Personalpronomen (*eux, ils, ça* sind sowohl Fem. als auch Mask.), Verwendung des Conditionnel im hypothetischen Satzgefüge u.ä.

---

[45] Zum Louisiana-Kreol vgl. insbesondere NEUMANN 1985, zur Problematik der französischen Kreolsprachen STEIN 1984.

• Lexikon:

Auch in diesem Bereich decken sich vielfach das akadische (bzw. generell das kanadische) Französisch mit dem Cajun: *besson* „jumeau", *châssis* „fenêtre", *rester* „habiter", *garrocher* „lancer", *graffigner* „égratigner", *à cette heure* „maintenant", *espérer* „attendre" usw. sind auch in Kanada bzw. Acadien belegt (vgl. zum Lexikon des Cajun und des Acadien NEUMANN-HOLZSCHUH 1991).
Die „termes maritimes" (siehe Québec) und das sog. *vocabulaire des Iles*, d.h. Wörter, die durch administrative und wirtschaftliche Kontakte in weiten Teilen des ehemaligen franz. Kolonialreiches verbreitet wurden, gehören auch zum Lexikon des Cajun, z.B. *maringouin* „moustique", *habitant* „cultivateur" (auch in Kanada).
Indianisches Adstrat manifestiert sich u.a. in der Toponymie (*bayou* < choktaw *bayuk* „petite rivière") und in Tiernamen, z.B. *chaoui* „raton laveur". *Ouaouaron* stellt einen Import aus Acadien dar. Der spanischen Herrschaft sind beispielsweise *tchourize/chaurize* „type de saucisse" (< *chorizo*) und *la gniappe* „petit cadeau que l'on donne à un client" (< *la ñapa* „añadidura") zu verdanken. Der mit Abstand größte Einfluß geht freilich vom Englischen aus: *le west* „l'ouest", *east d'ici* „à l'est d'ici", *drive* „rouler", *les brakes n'ont pas travaillé* „les freins n'ont pas fonctionné" (< the breaks didn't work), *la lumière* „feu (circulation)" (< *traffic light*), *l'huile* „pétrole" (< *oil*) sind nur einige wenige Beispiele. Im Unterschied zum français québécois sind Anglizismen in Louisiana auch in der Syntax zu beobachten: *Pour faire les enfants apprendre l'anglais* „pour faire apprendre l'anglais aux enfants" (< *to make the children learn english*). In Form des Code-switching ist das Englische Komponente fast jeden Gesprächs: „Der Einfluß des Englischen ist mittlerweile insbesondere in der jüngeren und mittleren Generation so stark, daß oft ganze Passagen auf Englisch in den Diskurs einfließen, was in bezug auf die Zukunftsperspektiven der beiden Vernakulare zu Sorge Anlaß gibt" (NEUMANN-HOLZSCHUH 1991, 134).

5.4 Das Französische in den Neu-England-Staaten

Die Frankophonie in den sechs Neu-England-Staaten (Connecticut, Massachusetts, Maine, Rhode Island, Vermont, New Hampshire; s. Karte) geht auf Auswanderungsbewegungen aus Québec ab der 2. Hälfte des 19. Jahrhunderts zurück. Zu einem geringen Teil waren auch Auswanderer aus Acadien und dem französischen Mutterland beteiligt.

Karte 9: Neu-England-Staaten

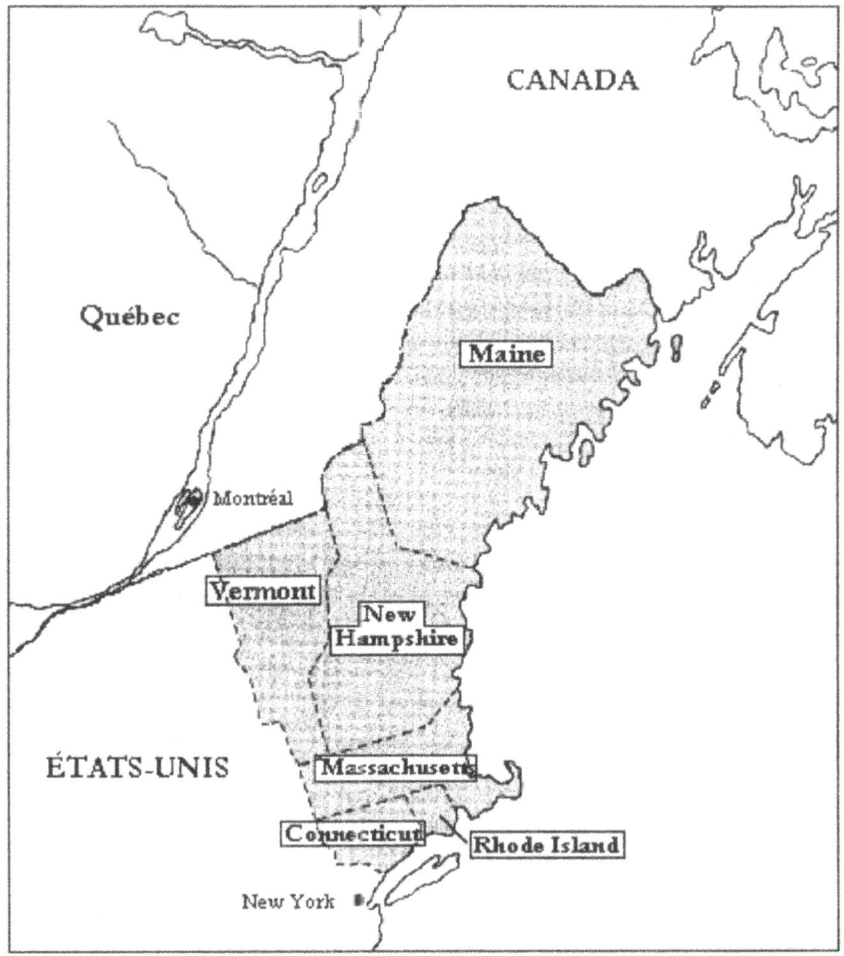

Zwei Gründe veranlaßten zwischen 1840 und 1930 mehr als eine halbe Million frankophone Kanadier dazu (vgl. BRETON 1996, 654), ihr angestammtes Siedlungsgebiet zu verlassen: Zum einen war die Landwirtschaft nicht mehr in der Lage, die rasant zunehmende Bevölkerung Québecs zu ernähren, zum anderen benötigte die sich in den Neu-England-Staaten rasch entwickelnde Industrie (Textil- und Lederverarbeitung, Papierindustrie, Maschinenerzeugung usw.) Arbeitskräfte (vgl. BRAULT 1979, 76).

Bis zur Mitte des 20. Jahrhunderts konnte sich das Französische relativ gut behaupten. Während viele der traditionellen franko-amerikanischen Institutionen (paroisses, sociétés de secours mutuel, caisses populaires, Vereine und Verbände) auch heute noch aktiv sind, ist das frankophone bzw. bilinguale Schulwesen in Form der *écoles paroissales* seither weitgehend verschwunden. Die Franco-Américains haben sich zwar länger als andere ethnische Minderheiten der USA gegen die Assmilation[46] behaupten können (vgl. QUINTAL 1991), mit der abnehmenden Bedeutung der Industrie, dem Eintreten ins Dienstleistungszeitalter, der Infragestellung alter Werte und Hierarchien (Vorherrschaft der Kirche) und der Auflösung der traditionellen Wohn- und Sozialformen[47] ging jedoch ein Wandel einher, der die kulturelle und sprachliche Amerikanisierung unausweichlich machte: „La Nouvelle-Angleterre est entrée dans l'ère post-industrielle: ses habitants sont désenclavés, brassés, standardisés, foncièrement américanisés" (BRETON 1996, 655). Auch ein ausgeprägtes Zusammengehörigkeitsgefühl hat nichts daran geändert, daß heute die Akkulturation als „quasi totale" (QUINTAL 1991, 78) bezeichnet werden kann.

Am deutlichsten läßt sich die fortschreitende Amerikanisierung - als Resultat der gesellschaftlichen Funktionslosigkeit des Französischen - an den Sprecherzahlen ablesen: 1970 sprachen in den sechs Neu-England-Staaten 906.000 Menschen das Französische als Muttersprache; 1980 gaben 412.000 an, zu Hause Französisch zu verwenden, 10 Jahre später sind es nur mehr 339.000 (vgl. BRETON 1996, 652f.). Dabei muß man sich ins Bewußtsein rufen, daß diese Frankophonen natürlich zweisprachig sind.

Aus innerlinguistischer Perspektive ist festzuhalten, daß das Französisch der *Francos* dem kanadischen Französisch nahe steht; die rezenten

---

[46] Weshalb sie scherzhaft als „Chinois de l'est" bezeichnet werden.

[47] Im Industriezeitalter lebten die Franco-Américains (auch *Francos* genannt) meist abgeschlossen von anderen Gruppen in ghetto-artigen Siedlungen (sog. *Petits Canadas*). Unter die Veränderung der Sozialformen fallen vor allem auch Mischehen, die den Übergang zum Englischen fördern.

Entwicklungen im Sinne einer Hinwendung zum hexagonalen Sprachgebrauch wie in Québec hat es jedoch aufgrund der Isolation nicht mitgemacht.

Arbeitsaufgaben:

1. Informieren Sie sich mittels des W3-Servers des *Office de la langue française* über die aktuell gültigen Schulzugangsbestimmungen in Québec (http://www.olf.gouv.qc.ca/charte/pages/c01.html).
2. Die französische Universität in Nouveau-Brunswick heißt *Université de Moncton*. Versuchen Sie herauszufinden, wer oder was *Moncton* war!
3. Untersuchen Sie mit Hilfe des ALF (*Atlas linguistique de la France*) die Verbreitungsgebiete verschiedener Eigenheiten des kanadischen Französisch *in Frankreich* (z.B. ALF 612 „froid", 91: „nous avons", 1333: „trois, vous trois", 1064: „ils portent", 1376: „vert, verte", 163: „deux bouts"). Sind diese Merkmale aufgrund ihres Verbreitungsgebiets im kanadischen Französisch zwingend als Dialektalismen einzustufen? Begründen Sie Ihre Antwort.
4. Wie erklärt sich in Louisiana die Diskrepanz zwischen der Zahl der Französischsprecher und jener Personen mit französischer Abstammung?
5. Suchen Sie die den folgenden Calques entsprechenden englischen Syntagmen:
Va espérer sur ton 'customer'! (Louisana), *On se joignait tous ensemble* (Acadie), *J'ai tombé en amour avec une fille* (Connecticut). ... *l'homme que je travaille pour...* (Ontario), ... *un édifice de 120 pieds par 240 pieds* (Québec). Ist in allen Fällen eine Interpretation als Anglizismus erforderlich?
6. Die Grenzen der Klassifizierung regionaler Partikularitäten zeigen sich in Nordamerika u.a. bei den sog. *anglicismes de maintien* oder *de fréquence*. Erklären Sie die Problematik anhand der folgenden Beispiele: *barbier* „coiffeur", *breuvage* „boisson non alcoolisée", *manufacturier* „fabricant", *canceler* „annuler"; *prescription, surplus, additionnel* (häufiger als *ordonnance, excédent, supplémentaire)*.

6. Das Französische in Afrika

6.1 Schwarzafrika

6.1.1 Stellenwert und rechtlicher Status des Französischen, historischer Rückblick

Wenn wir uns mit dem Französischen in Schwarzafrika (*Afrique noire, Afrique subsaharienne*) beschäftigen, betreten wir ein Terrain, das sich zumindest in zweierlei Hinsicht fundamental von anderen frankophonen Gebieten unterscheidet. Für die Sprecher stellt das Französische nur in den seltensten Fällen die Muttersprache, d.h. die zuerst gelernte Sprache, dar. Im Unterschied zu Ländern wie Deutschland, Italien oder den USA ist es aber keineswegs eine Fremdsprache, sondern integraler Bestandteil der kommunikativen Umwelt und des Erfahrungshorizonts eines jeden einzelnen - egal ob er nun eine der muttersprachlichen Kompetenz vergleichbare besitzt oder nur über rudimentäre Kenntnisse verfügt. Die gesellschaftliche Seite dieser Feststellung ist die Tatsache, daß nur Teile der Kommunikationsbedürfnisse vom Französischen abgedeckt werden und es in allen schwarzafrikanischen Staaten in Kontakt bzw. Konkurrenz zu einer oder mehreren autochthonen Sprachen steht. Gabriel Manessy (1994, 12) hat die Situation des Französischen in Schwarzafrika mit jener verglichen, die im 18. und 19. Jahrhundert in Frankreich selbst geherrscht hat: Der Status als offizielle Sprache bringt eine funktionelle Verteilung mit sich, bei der in genau abgegrenzten Bereichen nur das Französische volle Gültigkeit hat, ohne daß die Verwendung anderer Sprachen in privaten und sogar in manchen öffentlichen Domänen ausgeschlossen wäre.

Der Umstand, daß das Französische heute in allen 18 Staaten Schwarzafrikas alleine oder gemeinsam mit einer anderen europäischen oder autochthonen Sprache offiziellen Status genießt (siehe Tab. 3), ist eine direkte Konsequenz der Kolonisierung. Wenn häufig behauptet wird, die heute frankophonen Staaten Afrikas hätten sich nach der Dekolonialisierung Ende der 50er/Anfang der 60er Jahre für das Französische *entschieden*, ist das zwar in bezug auf das Ergebnis richtig, eigentlich aber nur die halbe Wahrheit. In Wirklichkeit war es eine *Wahl*, zu der es keine echte Alternative gab, denn die postkolonialen Regierungen waren „obligés, au moment des indépendances, de supporter le poids d'une tradition coloniale qui leur a légué un appareil juridique, administratif, politique et militaire dont la langue de fonctionnement est le français" (DUMONT/MAURER 1995, 14). Umgekehrt haben die neuen unabhängigen, offiziell frankophonen Staaten damit bekanntermaßen wesentlich zur internationalen Statusverbesserung des Französischen beigetragen, das spätestens seit dem Ende des 1. Weltkriegs vor allem in der sog. Ersten Welt an Terrain verloren hat.

Tabelle 3: Offizielle Sprache(n) in den frankophonen Staaten Schwarzafrikas

Staaten m. Franz. als Amtssprache (unter franz. bzw. belg. Herrschaft *von - bis*)	allein: de facto (f)/ de jure (j)	neben (einer) anderen Sprache(n)	wichtige autochthone Sprachen
Bénin (eh. Dahomey; 1894 - 1960),	j		Fon, Aja
Burkina Faso (eh. Haute-Volta; 1897 - 1960)	j		Moore, Gulimancena, Bisa, Fulfulde, Dioula
Burundi (belg. 1920 - 62)		neben Kirundi	Kirundi, Swahili
Cameroun (1920 - 1960)		dominant neben Englisch	Fulfulde, Ewondo, Douala, Tschadarabisch, Mandala
République Centrafricaine (1887 - 1960)		Sango	Bantusprachen, Mboro, Bande, Sara-Mbai, Sango
Congo (1880 - 1960)	j		Munukutuba, Lingala, Lari
Côte d'Ivoire (1893 - 1960)	j		Baoule, Malinké-Dioula, Senufo, Dan
Djibouti (1892 - 1977)		neben Arabisch	Somali, Afar
Gabon (1854 - 1960)	j		Fang, Punu, Sangu
Guinée (1898 - 1958)	f		Pular, Malinke, Soso
Mali (1883 - 1960)	j		Bambara, Fulfulde, Songhay, Tamasheq
Mauritanie (1910 - 60)		mit Arabisch	Hassanī, Pular, Soninke, Wolof
Niger (1890 - 1960)	j		Haussa, Songhay-Zerma, Fulfulde, Tamasheq, Hanouri,
Rwanda (belg. 1920 - 62)		neben Kinyarwanda	Kinyarwanda, Swahili,
Sénégal (1791 - 1960)	j		Wolof, Pular, Serere, Diola, Mandingue, Soninke
Tchad (1898 - 60)	j (1963)/ f (1982: keine Nennung)		Sara, Maka, Tschadisch
Togo (1920 - 1960)	j (1963)/ f (1979: keine Nennung)		Ewe, Kabye
République démocratique du Congo (eh. Zaïre; belg. 1885-1960)	j		Swahili, Lingala, Kiluba, Kikongo

Die eigentliche Kolonialisierung Afrikas ist rezent; zwar wurden schon im 17. Jahrhundert an der afrikanischen Westküste (1638 Sénégal, 1686 Côte d'Ivoire, 1704 Benin) Faktoreien errichtet, zu einer wirklichen Erschließung kam es allerdings erst im Second Empire (1852 - 1870) und in der ersten Hälfte der Troisième République (1870 - 1940). Die kurz vor und nach der Konferenz von Berlin[48] erworbenen Territorien wurden zu zwei großen Verwaltungseinheiten zusammengefaßt: „Afrique-Occidentale française" (A.O.F.) und „Afrique-Équatoriale française" (A.E.F.). Erstere umfaßte von 1910 bis 1958 Sénégal, Mauritanie, Mali, Obervolta (heute Burkina Faso), Guinée, Niger, Dahomey (heute Bénin) und Côte-d'Ivoire; letztere von 1895 bis 1958 Gabon, (Französisch-) Kongo,[49] die heutige République Centrafricaine und Tchad. Ein Teil Camerouns und Togo kamen nach dem 1. Weltkrieg unter französische Oberhoheit (zuvor deutsche Kolonien), Burundi und Ruanda (beide ebenfalls deutsch) wurden Belgisch-Kongo einverleibt.

Die wirtschaftlichen Interessen Frankreichs an seinen Kolonien lagen vor allem im primären Sektor; der Aufbau einer eigenen Industrie unterblieb. Die Schaffung einer Infrastruktur (Eisenbahn-, Straßenbau) war ganz auf die Bedürfnisse dieser Form von Nutzbarmachung abgestimmt, was noch heute erkennbar ist: Die bestausgebauten Verkehrswege verbinden das Landesinnere mit der Küste.

6.1.2 Sprecherzahlen

Die Zahl der Frankophonen zählt zu den heikelsten statistischen Problemen in Schwarzafrika, da dabei entschieden werden muß, welches Kompetenzniveau als Kriterium anzusetzen ist. Das IRAF (*Institut des recherches sur l'avenir du français)* verwendet für seine Schätzungen eine 6stufige Kompetenzskala, um das vom *français approximatif* (etwa vergleichbar mit dem, was hierzulande als *Gastarbeiterdeutsch* bezeichnet wird) bis zum *français académique* der Bildungseliten reichende Kontinuum zu gliedern:

---

[48] 1884 - 85: Sie legte die territoriale Aufteilung zwischen England, Frankreich und Deutschland fest.

[49] Das spätere Zaïre (jetzt République démocratique du Congo) war belgische Kolonie.

- N_0: non-francophones
- N_1: francophones caractérisés par la seule oralité, pouvant écouter et comprendre la radio, répondre à des questions simples. Dans ce groupe sont aussi inclus les scolarisés ayant seulement effectué les premières années de l'enseignement primaire, car, après scolarisation, ils peuvent être rapidement considérés commme redevenus analphabètes.
- N_2: francophones caractérisés par la possibilité de lire un journal et d'écrire un texte simple, ce qui correspond à peu près au niveau atteint à la fin d'un cycle primaire de qualité, soit 6 à 7 années d'apprentissage guidé.
- N_3: francophones caractérisés par la possibilité de lire des ouvrages simples, de comprendre un film parlant français, d'exprimer par écrit des idées simples, ce qui correspond à peu près au niveau atteint à la fin du premier cycle de l'enseignement secondaire (classe de 3e, BEPC [i.e. Brevet d'études du premier cycle], soit 10 à 11 années d'apprentissage guidé.
- N_4: francophones caractérisés par la pratique aisée d'un français écrit et oral correct, montrant que la langue est dominée, ce qui correspond à peu près à la fin de l'enseignement secondaire (baccalauréat, soit 13 à 14 années d'apprentissage guidé).
- N_5: francophones ayant effectué des études universitaires (zit. n. LAFAGE 1990).

Da die weitaus größte Zahl der Französisch-Sprecher der Gruppe N_2 angehört, können sich große Unterschiede ergeben, je nachdem ab welchem Niveau man von stabilen Kenntnissen ausgeht. Im folgenden kontrastieren wir zwei Statistiken – die des *Haut Conseil de la Francophonie* (RAPPORT 1990) und jene von ROSSILLON 1995, 79ff. Der HCF geht davon aus, daß eine Mindestschuldauer von 4 Jahren für die Etikettierung „frankophon" anzusetzen sei. Im Hinblick auf wiederholt vorgebrachte Einwände, daß die Dauer der Scholarisierung kein verläßlicher Gradmesser sei,[50] werden auch andere, leider nicht näher spezifizierte Faktoren mitberücksichtigt und zwei Kategorien angenommen: „francophones réels" und „francophones occasionnels". ROSSILLON 1995 unterscheidet „locuteurs potentiels" (= N1) und „locuteurs réels" (≥ N2).

---

[50] Beim Kriterium der Scholarisierungsdauer muß immer in Betracht gezogen werden, daß die Bedingungen, unter denen in afrikanischen Schulen gelehrt und gelernt wird, einer größeren qualitativen Schwankungsbreite unterliegen können, als man es von westlichen Verhältnissen gewöhnt ist.

Tabelle 4: Sprecherzahlen des Französischen in Schwarzafrika

Staat	HCF (Daten f. 1989)			ROSSILLON 1995 (Daten f. 1993)		
	Ges.bev.	F. réels	F. occas.	Ges.bev.	Loc. réels	Loc. pot.
Bénin	4,7 Mio.	10 %	20%	5,1 Mio.	11 %	14 %
Burkina-Faso	8,7 Mio.	7 %	15%	10 Mio.	4 %	11 %
Burundi	5,5 Mio	3 %	10 %	5,8 Mio.	2 %	13 %
Cameroun	10,8 Mio.	18 %	20 %	12,8 Mio.	3 %	27 %
Centrafrique	2,8 Mio.	5 %	13 %	3,1 Mio.	8 %	16 %
Congo	2,2 Mio.	35 %	30 %	2,4 Mio.	44 %	15 %
Côte d'Ivoire	12,1 Mio.	30 %	30 %	13,4 Mio.	14 %	34 %
Djibouti	410.000	7 %	24 %	-	-	-
Gabon	1,0 Mio.	30 %	40 %	1,1 Mio.	17 %	46 %
Guinée	7,1 Mio.	5 %	10 %	6,2 Mio.	5 %	15 %
Mali	8,9 Mio.	10 %	10 %	8,9 Mio.	5 %	5 %
Mauritanie	2,0 Mio.	6 %	4 %	2,2 Mio.	6 %	10 %
Niger	7,4 Mio.	7 %	15 %	8,5 Mio.	3 %	8 %
Rwanda	7,0 Mio.	3 %	5 %	7,4 Mio.	2 %	20 %
Sénégal	7,2 Mio.	10 %	14 %	7,9 Mio.	9 %	15 %
Tchad	4,9 Mio.	3 %	20 %	5,4 Mio.	4 %	16 %
Togo	3,4 Mio	20 %	30 %	4,1 Mio.	18 %	18 %
Rép. Congo	34,9 Mio.	5 %	10 %	41,2 Mio.	9 %	30 %

Daß die prozentualen Anteile zwischen den beiden Statistiken so stark schwanken, liegt nicht so sehr am zeitlichen Abstand (1989 vs. 1993) als vielmehr an unterschiedlichen Erfassungskriterien und einem - bei Daten aus offizieller französischer Hand - immer zu beobachtenden Optimismus.

Im Hinblick auf LAFAGE 1990, 771, die von stabilen Kenntnissen erst ab N_3 ausgeht, alle darunterliegenden Niveaus unter „français approximatif" subsumiert, sind beide Statistiken als zu unkritisch einzustufen.

6.1.3 Ökologie des Französischen: Typologie der Kontaktsituationen

Das Französische in Schwarzafrika als „Sprache des Dauergebrauchs" [vgl. Kap. 1] zu bezeichnen, bedeutet, den kleinsten gemeinsamen Nenner für alle soziolinguistischen Situationen des Französischen festzuhalten. Den wahren Stellenwert, den das Französische in den einzelnen Ländern Schwarzafrikas genießt - jenseits des rechtlichen Status, der ihm zukommt - hängt in großem Maße von der Verbreitung und den z.T. historisch gewachsenen Funktionen der autochthonen afrikanischen Sprachen ab, die mit ihm konkurrieren. In den vielfach am grünen Tisch geschaffenen Staatsgebilden, die noch weniger als viele europäische Staaten der westlichen Vorstellung von Nationalstaaten mit einer sprachlich und ethnisch homogenen Bevölkerung entsprechen, haben in sehr unterschiedlichem Ausmaß einheimische Idiome Funktionen in den verschiedensten, auch offiziellen Domänen (Handel, Religion, etc.) übernommen.

In zwei verschiedenen Grundszenarien (vgl. MANESSY 1992, 44) - mit einer breiten Übergangszone - begegnet dabei das Französische in Schwarzafrika den autochthonen Sprachen; wir illustrieren die beiden Extremfälle im folgenden anhand einiger ausgewählter Beispiele:

A - Das Französische steht einer (oder mehreren) afrikanischen Sprache(n) gegenüber, die als von einer Bevölkerungsmehrheit verwendete(n) Verkehrssprache(n) dient (dienen). Dies ist der Fall in mehr oder weniger einsprachigen Ländern wie Burundi oder Rwanda oder in multi-ethnischen Staaten wie Sénégal, Zaïre oder Centrafrique, in denen eine der einheimischen Sprachen dominant ist und zur interethnischen Kommunikation dient. In einer solchen Konstellation ist das Französische im Extremfall auf einige wenige Domänen wie Verwaltung, Internationale Beziehungen, Politik u.ä. beschränkt.

• Fallbeispiel A1: Burundi

In Burundi existiert das Französische neben Suaheli und Kirundi. Während Suaheli nur von einer Minderheit gesprochen wird und eng mit dem Islam verbunden ist, stellt Kirundi die Muttersprache fast aller Burundier dar. Thema, Code (mündlich/schriftlich), Formalitätsgrad und das Repertoire der Sprecher determinieren die Verwendung entweder des Kirundi oder des Französischen: nur formelle Kommunikation, Schriftlichkeit, sowie eine nicht die eigene Kultur betreffende Thematik bedingen die Verwendung des Französischen (vgl. FREY 1993, 248). Alle anderen Kommunikationsbedürfnisse, wie etwa Gespräche im Freundeskreis, in der Familie oder der Schule werden natürlicherweise vom Kirundi befriedigt. Daran ändert auch nichts, daß das Französische im Sekundarbereich Unterrichtsmedium und -fach ist. Von der gesellschaftlichen Funktion her betrachtet, hat das Französische für die Mehrheit der Bevölkerung eher den Stellenwert einer Fremdsprache (vgl. HATUNGIMANA 1994, 91).

• Fallbeispiel A2: Sénégal

Sénégal ist ein multi-ethnisches und mehrsprachiges Land. Neben dem Französischen, das alleinigen offiziellen Status genießt sowie Medium und Fach im gesamten Schulwesen ist, sind sechs Sprachen als „langues nationales" ausgewiesen: Wolof, Pular, Serere, Mandingue, Dioula, Soninke. Wolof ist dominant und wird von 80 % der Bevölkerung verwendet; nur die Hälfte davon gehört auch dieser Ethnie an, für die übrigen 40 % ist Wolof Zweitsprache (vgl. MANESSY 1992, 45; DAFF 1991, 146). In der jüngeren Vergangenheit hat das Französische einige Domänen verloren – in den urbanen Zentren zugunsten des Wolof, in Regionen mit einer anderen langue nationale ist diese die Konkurrenz:

> „au niveau du vécu quotidien et des contacts entre agents de l'administration et administrés, qui se font par voie orale, le français est largement concurrencé par le véhiculaire de la zone. L'agent de santé, d'agriculture ou d'élévage et l'instituteur utilisent, en milieu rural, le véhiculaire du milieu, s'ils le parlent, ou alors ont recours à la langue nationale la plus utilisée dans ce milieu." (DAFF 1991, 140)

Für die Hauptstadt Dakar gilt, daß das Französische immer weniger im Alltagsleben verwendet wird; sogar Intellektuelle und Verwaltungsbeamte verwenden Wolof (vgl. MANESSY 1992, 45). Die unangefochtene Bastion des Französischen – dies hängt mit der offiziellen Sprachpolitik Sénégals zusammen – ist jedoch die (formelle) Schriftlichkeit.

• Fallbeispiel A3: République Centrafricaine

In der République Centrafricaine genießt seit der Verfassungsänderung von 1991 auch Sango (ab 1963: „langue nationale") den Status der offiziellen Sprache, gemeinsam mit dem Französischen. Daneben gibt es noch mehrere kleinere afrikanische Sprachen, denen aber im Kräftespiel keine Rolle zukommt. Der rechtliche Status des Sango entspricht seiner Stellung in der Gesellschaft: selbst in manchen Bereichen der Verwaltung befriedigt es – zumindest im mündlichen Bereich – den überwiegenden Teil der Kommunikationsbedürfnisse. Außerhalb der traditionell dem Französischen vorbehaltenen Domänen (internationale Politik, Außenbeziehungen, Schule, Schriftlichkeit) ist das Französische kaum anzutreffen; Anlässe, es spontan zu sprechen, bestehen nur selten: unter gleichaltrigen Jugendlichen verwenden nur 4,75 % ausschließlich das Französische,

6,53 % wechseln in der Kommunikation zwischen Französisch und Sango, der Rest bedient sich ausschließlich der einheimischen Sprache. Auch unter Freunden wird mehrheitlich Sango gesprochen: 66,62 % sprechen nur Sango, 19,29 % verwenden beide Sprachen, 7,72 % nur Französisch (vgl. WENEZOUI-BANGUI 1994, 93). Das Radio verwendet zu 60 % Sango, im Wirtschaftsleben wird das Französische nur zur ersten Kontaktaufnahme verwendet (vgl. MANESSY 1992, 46).

B - Das Französische steht einer mehr oder weniger großen Zahl einheimischer Idiome gegenüber, von denen keines dominant ist und überregional/interethnisch verwendet wird. Dabei stehen dem Französischen prinzipiell alle Domänen offen, d.h. auch die nicht-offiziellen.

• Fallbeispiel B1: Cameroun

Das heute offiziell zweisprachige Land (Französisch dominant mit 8 Provinzen; Englisch mit 2 Provinzen im Westen des Landes) zählt 239 (!) autochthone Sprachen, die eine überregionale Verkehrssprache nötig machen. Das Französische eignet sich aufgrund seiner „Neutralität" besonders für diese Funktion und wird auch zum Vehikel einer „identité camerounaise" (vgl. MANESSY 1992, 51). Es wird nicht nur in der Schule gelehrt und gelernt, sondern - vor allem in den urbanen Zentren der südlichen Landesteile - auch auf der Straße, d.h. ungesteuert, erworben (vgl. FÉRAL 1993, 206), ist also im öffentlichen Leben überall präsent.

• Fallbeispiel B2: Congo

Congo zählt ebenfalls zu den vielsprachigen Staaten Schwarzafrikas; die interethnische Kommunikation über die rund 70 autochthonen Sprachen hinweg sichern drei lokale Verkehrssprachen (Lingala, Munukutuba, Lari) und das Französische, das allein offiziellen Status genießt. Pressewesen, Medien, Verwaltung, Schule werden vom Französischen dominiert, sodaß ein großer Teil der Bevölkerung mit ihm in Kontakt kommt. Congo zählt traditionell zu den Ländern mit besonders hoher frankophoner Bevölkerung (siehe Tab. 4).
Die Konkurrenz mehrerer einheimischer Verkehrssprachen ermöglicht es dem Französischen, an Bedeutung zu gewinnen (vgl. MANESSY 1992, 50), allerdings handelt es sich um ein regional markiertes Französisch. Es wird

in den Medien verwendet und konkurrenziert zumindest im mündlichen Bereich das Standardfranzösische im Schulwesen, ohne daß der (theoretische) Bezug zur hexagonalen Norm völlig verloren geht.

• Fallbeispiel B3: Côte d'Ivoire

Côte d'Ivoire ist „le pays le plus francophone au sud du Sahara" (LAFAGE 1996, 587): Das rund 60 Sprachen zählende Land verfügt über keine einheimische Verkehrssprache, die wie in Sénégal oder Burundi die interethnische Kommunikation zufriedenstellend sichern könnte. Zwar wird Dioula von 65 % der Bevölkerung verwendet, es ist aber eine Sprache, die auf eine bestimmte Domäne (Handel) beschränkt und eng mit dem Islam verknüpft ist.
Die Heterogenität der Bevölkerung, die noch durch Zuwanderer (Gastarbeiter) aus anderen schwarzafrikanischen Ländern verstärkt wird, bildet einen idealen Nährboden für die Generalisierung des Französischen, das vor allem im urbanen Raum allgegenwärtig ist. Bevölkerungsmischungen (Mischehen) haben zur Folge, daß das Französische immer mehr zu einer Alltagssprache (*langue vernaculaire*) wird:

> „le développement économique et tout ce qu'il a entraîné [i.e. Ausbau der Infrastruktur, Urbanisierung, Bevölkerungsmischung] a donc eu comme conséquence de renforcer le caractère de nécessité du français et d'entraîner le remplacement de la situation de *complementarité* [...] par une situation de *vernacularité*." (SIMARD 1994, 24)

Zudem hat das Französische auch Identifikationswert für die „nation ivoirienne" bekommen und wird in seinen spezifischen Ausprägungen (s.u.), die es trotz des prinzipiellen Festhaltens an der „internationalen" Norm angenommen hat, in allen Domänen verwendet, unabhängig vom sozialen Status und Bildungsgrad der Sprecher (vgl. MANESSY 1992, 53).

Die beiden Grundsituationen der Koexistenz des Französischen mit einheimischen Sprachen haben unterschiedliche Auswirkungen: Wenn es – wie in der Gruppe B – zur interethnischen Kommunikation dient, sind die Kontakteinflüsse gering und beschränken sich auf Interferenzen beim Erwerbsprozeß, die bei zunehmendem Kompetenzgrad im Französischen u.U. wieder reduziert werden können; die verschiedenen, das Sprachenrepertoire ausmachenden Idiome bleiben weitestgehend voneinander geschieden. Eine Kontinuität (*continuité*, vgl. DUMONT/MAURER 1995,

158) zwischen dem Französischen und den einheimischen Sprachen gibt es nur auf den untersten Kompetenzniveaus, besonders dann, wenn der Erwerbsprozeß ungesteuert, d.h. nicht institutionell verläuft. Die diesem Szenario entsprechenden Varietäten des Französischen werden in der Literatur u.a. als *français façon*[51], *français approximatif, français pidginisé, petit français, sabir* etc. bezeichnet.

Anders wenn eine einheimische Sprache die Funktion der Verkehrssprache übernimmt (Gruppe A) - dann kommt es zum Phänomen des sog. *discours mixte* bzw. zur *alternance codique*. Bei den bilingualen Sprechern, die meist gebildet sind, durchdringen sich das Französische und die einheimische Sprache:

> „Le fait est habituellement décrit en termes d'alternance codique, linguistiquement acceptable, mais qui a l'inconvénient de suggérer un choix délibéré ou aléatoire, alors qu'il s'agit d'*un mode d'expression cohérent autorisé par une double compétence,* d'un discours mixte qui *respecte les contraintes syntaxiques des langues employées* et qui *combine sans heurts et sans ruptures les séquences empruntées* à l'une ou à l'autre." (MANESSY 1994, 15; Hervorhebungen B.P.)

Zwei Gründe für dieses Sprachmischungsphänomen, das eher der *parole* zuzuordnen ist als der *langue* (vgl. DUMONT/MAURER 1995, 157ff.), sind zu nennen.

1) Zweifellos spielt die Kompetenzfrage eine Rolle, denn eine volle Zweisprachigkeit, bei der beide Sprachen alle Kommunikationsbedürfnisse abdecken können, ist selten gegeben. Kompetenzlücken in der einen Sprache werden mit Elementen aus der anderen Sprache gefüllt (vgl. WENEZOUI-DÉCHAMPS 1994, 96 mit Evidenz aus dem *franc-sango* in der République Centrafricaine). Dabei kann es zu starken Sprachkontakteinflüssen auf die einheimische Sprache kommen.

2) Wesentlich ist ferner, daß mit der Sprachmischung die Prestigesprache Französisch verwendet werden kann, gleichzeitig aber nicht auf den Ausdruck afrikanischer Authentizität verzichtet werden muß. Wie in anderen Teilen der Frankophonie genießt das hexagonale Französisch das höchste Prestige, eine vollständige Ausrichtung darauf, unter Preisgabe

---

[51] *Façon* ist in Schwarzafrika - als Adjektiv - weit verbreitet und drückt aus, daß das Substantiv, das es näher determiniert, nicht wirklich ein Vertreter dieser Klasse ist; es entspricht etwa einer Periphrase mit *une espèce de ...* , dem Adjektiv ... *indéfinissable* oder auch ... *de fortune* (vgl. IFA 1983, 181).

identitätsstiftender regionaler Merkmale, wird aber auch in Schwarzafrika von vielen Sprechern nicht gutgeheißen.

Sprachmischungsphänomene der skizzierten Art wurden u.a. für Centrafrique (*franc-sango/fransango*), Sénégal (Franz./Wolof), Zaïre (Franz./Lingala) beschrieben, sind aber auch in Staaten der Gruppe B nicht ausgeschlossen (z.B. Congo: Franz./Lingala).

Konstellationen der Gruppe B fördern die Herausbildung regionaler Varietäten. Das Französische wird dabei zur Alltagssprache, wodurch sog. *endogene Normen* entstehen können. Der Begriff *Norm* bezieht sich hier nicht im herkömmlichen Sinn auf die Festsetzung von zu verwendenden Strukturen oder Formen, sondern korreliert mit dem Adjektiv „normal", d.h. eine endogene Norm umfaßt das, was *normal*erweise realisiert wird, ohne in positiver oder negativer Hinsicht markiert zu sein. Solche endogenen Normen wie etwa in Cameroun, Congo, Burkina Faso oder Côte d'Ivoire existieren oft in einem Kontinuum mit dem hexagonalen Modell des Französischen und approximativen Varietäten. Die Frage, ob sich die Sprecher der endogenen Norm bewußt sind und sie (zumindest in ihren Vorstellungen) von der exogenen Norm (= das hexagonale Modell des Französischen) unterscheiden können, oder ob sie vielmehr glauben, daß ihr Sprachgebrauch dem Standardfranzösischen entspricht, muß von Fall zu Fall beantwortet werden.[52]

Zur linguistischen Beschreibung dieses afrikanischen Kontinuums werden in der Literatur häufig artifizielle Kategorisierungen vorgenommen; so spricht man z.B. von *français acrolectal/mésolectal/basilectal* oder *français des élites/des lettrés/des non-lettrés*.[53]

---

[52] Für Cameroun scheint zumindest für die gebildeten Sprecher ersteres zu gelten (vgl. MANESSY 1992, 50f.), da die endogene Norm als familiäres Register neben dem Standardfranzösischen steht; für Côte d'Ivoire und Congo darf man annehmen, daß sich die mesolektalen Varietäten und das Standardfranzösische in den Vorstellungen der Sprecher nicht als zwei unterschiedliche Codes abzeichnen (vgl. MANESSY 1992, 53 und KOUBA-FILA 1996, 623).

[53] *Lettré* bedeutet nicht – wie zu erwarten wäre – „gebildet, kultiviert", sondern meint, daß die Sprecher lesen und schreiben können. *Non-lettré* ist synonym mit *analphabète*.

6.1.4 Erscheinungsformen des Französischen[54]

Im folgenden verzichten wir auf eine Beschreibung nach Kompetenzniveaus oder Registern zwar nicht ganz, verwenden sie aber als Kategorie nur auf einer nachgelagerten Ebene, u.a. weil sie als Idealtypen den faktischen Kompetenzen vieler afrikanischer Sprecher nicht gerecht werden. In der Tat schließt die Zugehörigkeit zu den „lettrés" nicht zwingend aus, daß auch Aussagen produziert werden, die typisch sind für die Gruppe der Analphabeten, und - freilich seltener - bringen umgekehrt „non-lettrés" oder „peu lettrés" teilweise Strukturen hervor die normalerweise nur im institutionellen Rahmen der Schule erworben werden. Ähnlich präsentiert sich die Situation bei der passiven Kompetenz: Sprecher, die aktiv nur ein „petit-français" gebrauchen können, verstehen vielfach ein dem Standard näher stehendes Französisch, und Sprecher der „élite" bedienen sich eines Französisch, das dem hexagonalen Modell sehr nahe steht oder erreichen die Zielnorm sogar zu 100% - und sind im Unterschied zu europäischen Sprechern in der Lage, das approximative Französisch von Analphabeten zu verstehen.

Abweichend vom bisherigen Beschreibungsraster nach sprachlichen Ebenen gehen wir beim afrikanischen Französisch von den für seine Spezifika verantwortlichen Faktoren aus, wobei nicht immer alles monokausal erklärt werden kann. Im Rahmen dieser Beschreibung soll auch versucht werden zu erhellen, warum das afrikanische Französisch - trotz einer Vielzahl verschiedener Substrate und eines sich immer wieder vollziehenden Erwerbsprozesses als Zweitsprache - ein sehr einheitliches Gepräge auf allen sprachlichen Ebenen aufweist. Für den Bereich des Lexikons, um ein besonders augenfälliges Beispiel vorwegzunehmen, ist dies aus den Forschungen für das „Inventaire des particularités lexicales du Français en Afrique noire" (IFA 1983) deutlich hervorgegangen.

---

[54] Dieses Kapitel basiert im wesentlichen auf MANESSY/WALD 1984 sowie den in der Bibliographie genannten einschlägigen Titeln. Dem letzten Teil liegt insbesondere MANESSY 1992 zugrunde. Zusätzliches Beispielmaterial wurde dem IFA („Inventaire des particularités lexicales du Français en Afrique noire") entnommen.

• Phänomene beim Erwerb

Beim ungesteuerten Erwerb einer fremden Sprache werden Mechanismen und Strategien wirksam, die weitgehend universell sein dürften, d.h. sie wirken unabhängig von der Muttersprache und der erworbenen Sprache.

Von wesentlicher Bedeutung ist, daß der Lerner zu Beginn nur über sehr geringe Analysefähigkeiten verfügt; die innere Struktur der zielsprachlichen Äußerungen, mit denen er konfrontiert ist (sog. *Input*), bleibt ihm vielfach verschlossen. Am einfachsten ist es noch, bedeutungstragende Komponenten aus dem Input herauszuschälen und sie wiederzuverwenden. Dabei geht allerdings jegliche grammatikalische Kategorisierung (Konjugation, Genus, etc.) verloren, die verwendeten Elemente sind invariabel und die grammatische Kohäsion von mit ihnen erzeugten Äußerungen wird in erster Linie durch die Position der kombinierten Einheiten sichergestellt. Bildungsprinzip ist die Juxtaposition, wobei universell sein dürfte, daß 1. Bekanntes (Thema) vor Unbekanntem (Rhema) steht, 2. bedeutungsmäßig zusammengehörige Elemente beieinander stehen, 3. funktionale Einheiten entweder am Anfang oder am Ende einer Äußerung plaziert werden, 4. Angaben der Zeit, des Ortes und der Modalität eher am Anfang der Äußerung positioniert werden (vgl. KLEIN 1989, 111f.).

Das bisher Gesagte sei mit den folgenden Beispielen (Togo) illustriert; hinzu kommt hier noch die Verwendung von größeren aus dem Input herausgefilterten aber unanalysierten Einheiten: *il y a* bzw *il y en a* [ja/jana] und *c'est* [se]. Sie dienen häufig als Träger der Aussage und entsprechen semantisch etwa „es gibt", „es ist", „da ist" bzw. „es ist der Fall, daß ...":

(1) *lui c'est connais* „il sait"
(2) *moi c'est va a la maison* „je rentre chez moi"
(3) *lui ventre c'est malade* „il a mal au ventre"
(4) *il y en a machine pour cousir* „il y a une machine à coudre"

In Beispiel (1) ist die morphologische Reduktion des Verbums zu erkennen; meist wird der Infinitiv oder eine Form des Präsens benützt; Temporalität wird entweder durch den Kontext oder mittels Adverbien oder anderer modaler Ergänzungen ausgedrückt (z.B. *le cinq jour se rencontrer ici* „dans cinq jours nous nous rencontrerons ici"), sofern sich nicht (bei höherer Kompetenz) ein System mit drei Tempora herausbildet: ein präsentisches Tempus (Infinitiv o. Form des Präsens), ein vergangenes (meist

Passé composé) und ein futurisches (periphrast. Futur mit *aller*). In (2) erkennt man aus der Wohlgeformtheit von *va à la maison,* daß auch mit größeren unanalysierten semantischen Einheiten gearbeitet wird. Beispiel (3) zeigt die Juxtaposition von zwei zusammenhörigen Themen. Im letzten Satz (4) ist ein durch Übergeneralisierung entstandener falscher Infinitiv attestiert (*nous partons* ⇔ *partir* vs. *nous cousons* - **cousir*). Abweichungen dieses Typs weisen schon auf ein etwas höheres Kompetenzniveau hin.

Juxtaposition als Bildungsprinzip von Äußerungen ist auch bei abhängigen Sätzen zu beobachten. Daraus resultiert z.B. die abweichende Verwendung der Personen in der indirekten Rede - die Objektsätze sind nicht wirklich untergeordnet, sondern einfach aneinandergereiht:

(5) *il l'a demandé si tu l'as vu* (< il lui a demandé // „tu l'as vu?")
(6) *tout le monde conseille l'enfant que si tu vois un chien ne cours pas* (< tout le monde donne des conseils à l'enfant //„si tu vois un chien ne cours pas")

Der Erwerb des Französischen in Afrika geschieht in jedem Fall - ob ungesteuert oder institutionell - unter instrumentellen Vorzeichen: Im Vordergrund steht das Bedürfnis zu kommunizieren. Diese Prädominanz der Mitteilungsfunktion steht im Widerspruch zu den sprachlichen Mitteln, zu Regeln - und ganz besonders zu Asymmetrien in der Struktur der Sprache. Unter *Funktionalisierung* (vgl. MANESSY 1992, 64) faßt man eine ganze Reihe von Phänomenen zusammen, die darauf abzielen, im Sinne der Optimierung des sprachlichen Ausdrucksmittels Anomalien zu beseitigen oder eine größere Eindeutigkeit in der Zuordnung der Formen zu den durch sie ausgedrückten sprachlichen Funktionen zu erreichen:

> „Simplification, expression des catégories grammaticales au moyen de marques explicites et stables, et [...] résolution d'une ambiguïté propre au français standard, tous ces processus concourent à conférer à la langue seconde une plus grande efficacité dans sa fonction de code de communication." (MANESSY/WALD 1984, 29)

Zur ersten Kategorie gehören u.a. die Reduktion der Kongruenz (*les Bassas ne peut pas me laisser mourir de faim; les filles ne fait plus ça* [Cameroun]), Regularisierungen im Verbalparadigma (z.B. *il disa; jusqu'à cè qu'il fusse,* usw.), Spezialisierung von Präpositionen (z.B. nur *dans* für jegliche Lokalisation: *je suis venu m'arrêter dans la troisième* [Congo]; ... *sortir dans la crise* ... [Sénégal]; *je vais essayer d'apporter ma modeste contribution dans ce travail* ... [Sénégal]). Die Tendenz zu einem regelmäßigeren Verhältnis zwischen Form und Funktion manifestiert sich z.B. in analytischen Umstrukturierungen – aus *notre faute*, wo *notre* sowohl Determiniertheit als auch Zugehörigkeit ausdrückt, wird so *la faute pour nous* mit der Verteilung der beiden grammatischen Funktionen auf zwei Satzelemente. Die Nominalphrase *les frères* wird zu *beaucoup le frère*: auch hier sind die grammatischen Funktionen (Plural und Bestimmtheit) auf zwei Komponenten aufgeteilt.

Eine besondere Form von Regularisierung stellt die Ausnützung der vom System vorgegebenen Bildungsmuster dar; wie bereits mehrfach beschrieben, passiert dies überall da, wo Normdruck fehlt. Bildungen wie *tablier* „vendeur non ambulant qui présente ses marchandises sur un étal", *balancer* „peser à l'aide d'une balance", *amender* „infliger une amende", *berceuse* „bonne d'enfants" würden in Frankreich (nicht nur aus Gründen der Norm!) zweifelsohne sanktioniert. Eine Anpassung an die spezifisch afrikanischen Kommunikationsbedürfnisse ist vielfach in den fest etablierten Bedeutungsverschiebungen zu sehen: *frère* bezeichnet nicht nur den „Bruder" im europäischen Sinne, sondern jegliche Person, die man in irgendeiner Weise als zur gleichen Gruppe gehörig empfindet; *évolué* ist in Schwarzafrika jemand, der eine europäische Erziehung erhalten hat, und *pomme* bedeutet in Centrafrique „petite banane à peau très jaune".

Ein weiterer Aspekt der Funktionalisierung und Ökonomie ist die Verwendung generischer Ausdrücke; so verzeichnet das IFA (1983, 183f.) mehr als 120 Verbindungen mit dem Verb *faire* (z.B. *faire palabre avec, faire la causerie, faire l'amitié avec*). Es handelt sich dabei um Bildungen, deren Leistung an Funktionsverbgefüge erinnert (das Verb aktualisiert den Handlungsaspekt). Im Bereich der Adjektive kann diese Tendenz zu Ambiguitäten führen: *gros mot* „mot recherché, savant" und *gros français* „gutes Französisch" werden nur nachvollziehbar, wenn man weiß, daß *gros* neben der physischen Ausdehnung ganz allgemein auch den hohen Grad oder die Intensität ausdrückt.

Daß Verben wie *pardonner* oder *prêter* auch für „demander pardon" und „emprunter" verwendet werden, erklärt sich aus der Dominanz des lexikalischen Gehalts gegenüber jeglicher grammatischen Beschränkung. Einen verwandten Erklärungsansatz erfordern der absolute Gebrauch von Verben (*fréquenter* „aller à l'école", *préparer* „faire la cuisine" etc.) und die „Fehler" beim Anschluß von Objekten (*lui c'est travailler jardinier; il est parti au travailler; mon fils fonctionne chauffeur*): Im mentalen Lexikon der Sprecher ist nur die Semantik der betreffenden Verben verankert, grammatische Kategorisierungen (z.B. Transitivität) fehlen. Die Absenz solcher

Merkmale (± transitiv, ± belebt, ± zählbar etc.) ist für viele Abweichungen verantwortlich.

• Interferenz und Substrat

Unter Interferenz versteht man gemeinhin die Übertragung von Strukturen oder Einheiten aus der L1 in die L2. Sie ist ein Phänomen, das bei der Sprachproduktion auftritt, insbesondere dann, wenn Kompetenzlücken bestehen oder Schwierigkeiten lexikalischer, syntaktischer oder phonetischer Art noch nicht vollständig gemeistert werden oder die momentanen Bedingungen für die Produktion von Äußerungen in der Fremdsprache nicht günstig sind (Müdigkeit, mangelnde Konzentration u.ä.).

Aus der uns hier interessierenden Perspektive des Substrats spielt die Interferenz im Französischen Schwarzafrikas eine besondere Rolle in der **Phonetik**: Die weite Verbreitung gewisser Merkmale hängt mit den ähnlichen Verhältnissen in den zugrundeliegenden Muttersprachen zusammen.

Besonders auffällig sind:

1. das gerollte, apikale [r] statt uvularem [ʀ]

2. der häufige Ersatz von nasalen Vokalen durch verwandte Oralvokale, z.B. bei: [ã] → [a], [õ] → [a].

3. die Artikulation von ungerundeten Vokalen statt gerundeten (bzw. zentralen): *pr*[e]*mier, in*[i]*tile, s*[e]*lement, dégré* (geschr.), [debita] „débutant" usw. Das Wissen um dieses artikulatorische Problem kann in Hyperkorrektismen münden: *chez nous* → [ʃønu]

4. die fehlende Differenzierungsfähigkeit bei [s]/[ʃ] einerseits und [z]/[ʒ] andererseits:
cheveu [seve], *l'argent* [larzɑ̃], *jardin* [zardɛ̃]

5. epenthetische Vokale, die auftreten, um die aus der Muttersprache gewohnte phonotaktische Struktur (KVKV) beizubehalten (vor allem bei niedrigem Kompetenzniveau): *train* [tɛ̃rɛ̃].

6. die Prosodie, die durch einen wellenförmigen Intonationsverlauf gekennzeichnet ist; fast alle afrikanischen Sprachen sind sog. Tonsprachen (*langues à ton*), bei denen Tonhöhenunterschiede phonologisch relevant sind.

Der Einfluß der jeweiligen Muttersprache macht sich aber auch auf anderen Sprachebenen bemerkbar. So werden Wortbildungsverfahren übernommen (z.B. intensivierende Reduplikation: *lui petit petit* „il est très petit"), Calques aus den lokalen Sprachen sind häufig belegt (z.B. Côte d'Ivoire: *froidir son coeur* „se calmer"; Centrafrique: *boire la pipe* „fumer"; *la maladie l'a attrapé* „il est malade"; Guinée: *ne plus avoir d'yeux pour le sommeil* „être soucieux au point d'en perdre le sommeil"), direkte Entlehnungen füllen lexikalische Lücken und können Ausgangsbasis für französische Ableitungen werden (z.B. *sabar* [Wolof] „séance de tamtam", *dolo* [Mandingue] „bière de mil" > *dolotière* „femme qui fabrique et vend le dolo"). Schließlich kann man auch von Substrateinfluß sprechen, wenn - wie oben beschrieben - Nebensätze (indirekte Rede) ohne Modifikation von Tempus und Person aneinandergereiht werden. Dahinter verbirgt sich die in afrikanischen Sprachen gegebene Möglichkeit, eine dem Verb inhärente Bedeutung „sprechen" mit - hier mit einem *que*, das mit „en disant que" paraphrasiert werden kann - explizit zu machen.

• Die „manière africaine de saisir et concevoir les choses": andere Diskurstraditionen und kognitive Strukturen

Die Afrika und den dort lebenden Menschen eigene Art, Sachverhalte zu beschreiben, die Wirklichkeit wahrzunehmen und vermittels der Sprache andere daran teilhaben zu lassen, ist wahrscheinlich der bedeutendste Faktor für die Erklärung des einheitlichen Gepräges, das das Französische in Afrika aufweist:

> „Il y a [...] une grande cohérence dans le comportement des locuteurs africains indépendamment des codes linguistiques qu'ils utilisent. Le français se trouve coulé dans un moule énonciatif nouveau et cela est pour beaucoup dans le sentiment d'étrangeté que suscite chez l'auditeur occidental le discours africain." (MANESSY 1992, 67)

Im Detail hängt die hier angesprochene Fremdheit u.a. mit dem im Vergleich zur westlichen Welt höheren Stellenwert zusammen, den Sprache und ihr Gebrauch in afrikanischen Kulturen genießen. Dies äußert sich z.B. in einer oft übertrieben wirkenden Metaphorik und der Präferenz für stereotype Formulierungen; hinzu kommen bei den lettrés wahrscheinlich Bemühungen, die in Afrika allgegenwärtige *insécurité linguistique* [vgl. Kap. 2] zu kompensieren (das Prestige des hexagonalen Französisch ist in Schwarzafrika intakter als etwa in Québec oder der Wallonie). Hier nur drei Beispiele für die beschriebenen Phänomene:

(1) *la pénurie s'éloignait des ménagères* (im Zusammenhang mit dem Ende von Versorgungsschwierigkeiten)
(2) *citadelle du silence* „prison"

(3) *Suite à notre entretien [...] je vous fais parvenir par le ministère de votre collègue [...] A n'en douter votre surprise est grande de constater que je vous retourne votre magnétophone. Mais pour ne rien vous cacher, il n'a pas cessé de faire des siennes depuis le jour où vous me l'avez remis. En effet, outre le problème de lecture que vous me signaliez déjà lors de notre entrevue à Paris, il s'est posé un problème d'enregistrement, avec en prime, une destruction systématique des cassettes. Le sort subi par les deux cassettes que vous m'aviez remises [...] m'a donc amené à faire mon deuil dudit magnétophone [...] Sur ce, je mets un terme à ce petit pli en vous rappelant que je me tiens à votre disposition pour toutes informations supplémentaires.*

Beispiel (1) ist eine schöne Metapher, wirkt aber in diesem prosaischen Kontext deplaziert; (2) gehört *nicht* einer poetischen Sondersprache an, und das letzte Beispiel (3), ein Zitat aus einem Brief eines Studenten aus Cameroun (zit. n. FÉRAL 1994, 44), verdeutlicht besonders anschaulich eine aus europäischer Perspektive übertrieben formelhafte und stilistisch inadäquate Auswahl von sprachlichen Mitteln.

Auch die schon beschriebene abweichende Verwendung der indirekten Rede kann z.T. auch durch andere Diskurstraditionen erklärt werden, denn „un récit n'est pas la simple relation d'une série d'événements [...] le narrateur s'engage et engage son auditoire dans la situation qu'il évoque. Cela se manifeste par l'emploi fréquent des pronoms allocutifs et parfois par l'irruption inopinée du style direct lorsqu'une opinion est prêtée à un personnage du récit: [...]" (MANESSY 1992, 66).

Unterschiede in der Raumwahrnehmung können Probleme mit der dafür inkompatiblen Deixis des Französischen ergeben, denn was für Europäer *vor* einem Gegenstand situiert ist, kann für Afrikaner u.U. *dahinter* liegen. Ähnliches gilt für die Struktur von Vergleichen, die vom französischen Muster dahingegend abweichen, daß das Konzept WENIGER nicht existiert.

• Perspektiven

Obwohl viele der im Französischen Afrikas beobachtbaren Phänomene (vor allem jene im Bereich des Erwerbs) auch in französischen Kreolsprachen aufgetreten sind, besteht die Gefahr der Pidginisierung und Kreolisierung nicht. Der zumindest theoretisch überall mögliche Zugang zur Standardnorm und das hohe Prestige, das sie genießt, verhindern dies. Wie wir gesehen haben, werden allerdings vielfach Restrukturierungen und auch Komplexifizierungen vorgenommen, die nicht in Richtung Standardnorm weisen. Das bevorzugte Terrain dafür sind - wie bereits in Kap. 6.1.3 angedeutet - jene Staaten, in denen das Französische die überregionale oder interethnische Kommunikation sichern muß. So entstehen nicht nur Varietäten mit lexikalischen und phonetischen Besonderheiten, sondern es werden auch neue grammatische Strukturen geschaffen. Ein anschauliches Beispiel für diesen Prozeß ist das sog. *français populaire ivoirien* (FPI) (vgl. z.B. SIMARD 1994).

Arbeitsaufgaben:

1. Beschreiben Sie die folgenden Afrikanismen vor dem Hintergrund der Ausführungen zu den Besonderheiten des afrikanischen Französisch: *motamoter* „traduire un texte mot à mot", *africainement* „d'un point de vue africain", *putaine* „putain"; *son duriz* [sɔ̃ dyri], *gâter* „abîmer, détériorer, gâcher, désorganiser, déchirer, faire échouer, contrecarrer etc.", *bénéficier* „faire des bénéfices", *gagner* „obtenir, recevoir", *disputation* „dispute"; *tu ne dois pas mentir que c'est un voleur!*
2. Worin liegt aus europäisch-frankophoner Perspektive das Problem bei Afrikanismen wie *berceuse, tablier* und *balancer* ?
3. Informieren Sie sich anhand des IFA über die geographische Extension der in Kap. 6.1.4 diskutierten Besonderheiten (soweit verzeichnet).
4. Analysieren Sie die afrikanischen Sprachproben (Kassette) im Hinblick auf phonetische Abweichungen von der standardfrz. Norm.
5. Lesen Sie G. Manessy: Français-tirailleur et français d'Afrique. In: CILL 9 (1984), 3/4, 113 - 126 und nehmen Sie zu den folgenden Punkten Stellung: a) Der Autor vergleicht das *français-tirailleur* mit dem Französischen der „non-lettrés" und stellt eine Vielzahl von Übereinstimmungen fest. Was unterscheidet diese beiden Varietäten unter dem Gesichtspunkt ihrer Funktion? b) Warum steht die Hypothese des Substrateinflusses zur Erklärung der Gemeinsamkeiten zwischen *français-tirailleur* und *français des non-lettrés* auf so schwachen Beinen?
6. Lesen Sie L. Nadjo: L'expansion du français en Afrique noire. In: Kremer, Dieter (Hg.): Actes du XVIIIe Congrès International de Linguistique et de Philologie Romanes. Université de Trèves 1986. T. 1. Tübingen: Niemeyer, 1992, 341 - 355 und beantworten Sie die folgenden Fragen: a) Welche Länder waren führend an der Erforschung Afrikas im 15. und 16. Jahrhundert beteiligt? b) Wer vermittelte zu Beginn der Kolonialära in Afrika das Französische? c) Inwieweit unterschied sich die belgische von der französischen Schulpolitik? d) Skizzieren Sie den Wandel der Einstellungen zum Französischen bzw. zu den einheimischen Sprachen in der Kolonialzeit und danach. e) Welche französische grammatische Struktur verbirgt sich hinter *a ka mobili pousser*? f) Welche stilistischen Merkmale glaubt der Verfasser bei Sédar-Senghor auf afrikanische Diskurstraditionen zurückführen zu können?

Karte 10: Die frankophonen Staaten Afrikas

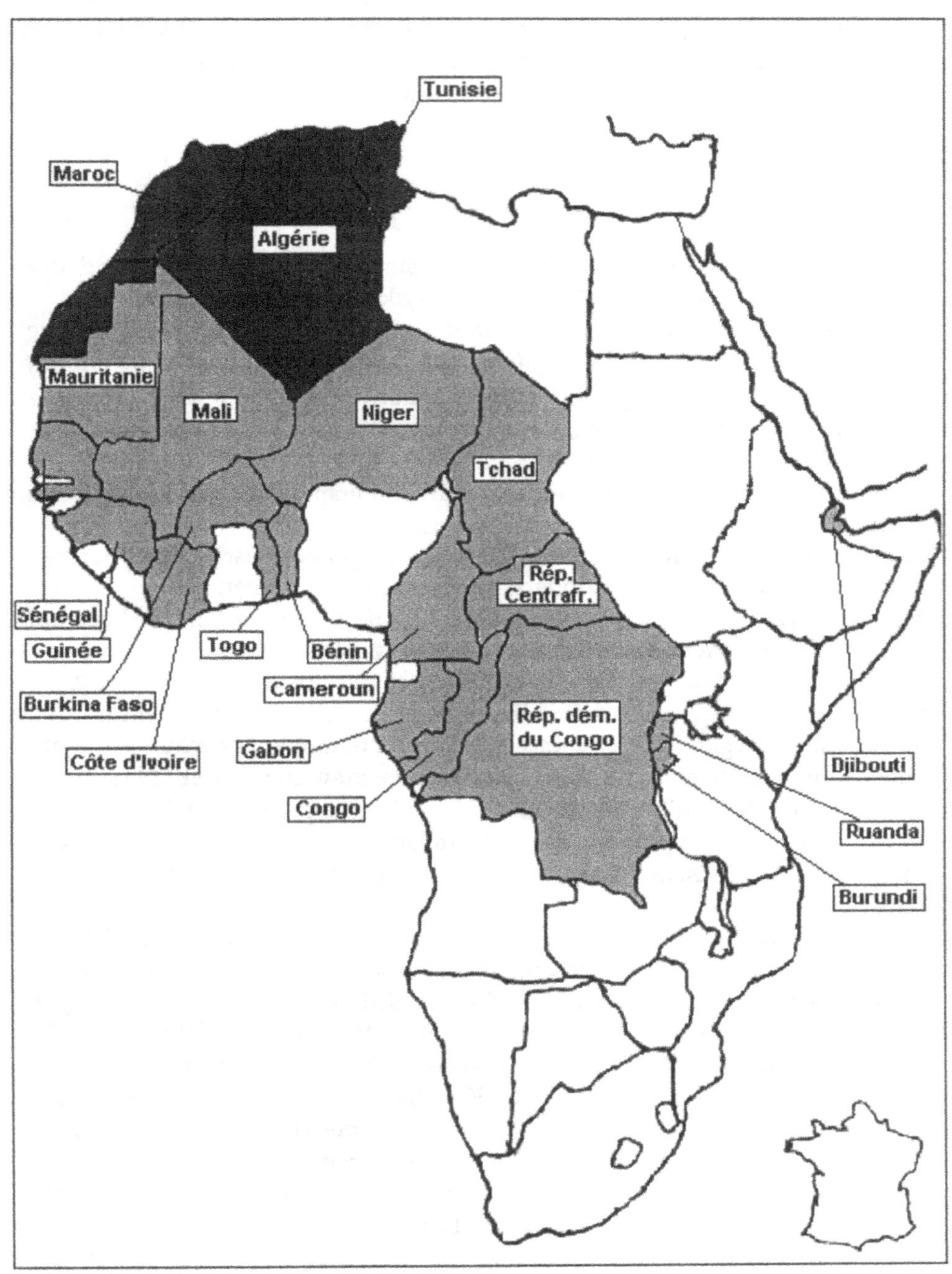

6.2 Maghreb

Im Kontext der Frankophonie werden unter der Bezeichnung *Maghreb*[55] in der Regel die drei nordafrikanischen Staaten Marokko, Algerien und Tunesien verstanden.

In Nordafrika sind Beherrschung und Gebrauch des Französischen in noch höherem Ausmaß als in Schwarzafrika ein Phänomen der sozio-kulturellen und ökonomischen Eliten. Von einigen wenigen Bereichen des universitären Bildungswesens abgesehen, kann das Französische in keiner der offiziellen Domänen Ausschließlichkeit beanspruchen: Die Präsenz einer traditionsreichen Kultursprache, des (Standard-)Arabischen, das heute in allen drei Ländern formalrechtlich alleinige Amtssprache ist, steht dem entgegen. Weite Bereiche der informellen Mündlichkeit werden im Maghreb von lokalen Varietäten des Arabischen bzw. des Berberischen[56] abgedeckt, die für die überwiegende Zahl der Bewohner des Maghreb die eigentlichen Muttersprachen darstellen. Französisch ist Distanzsprache; seine Verbreitung und Verwendung korreliert generell mit Urbanität und Scholarisierung.

Das Französische genießt in Tunesien und Marokko einen rechtlichen Sonderstatus, nicht jedoch in Algerien, wo von offizieller Seite die Arabisierungsbemühungen bei zweifelhaftem Erfolg am schärfsten vorangetrieben wurden. Im Unterschied zu Tunesien und Marokko ist Algerien daher auch nicht in das institutionelle Netz der Frankophonie eingebunden. Das Französische steht jedoch in allen drei Ländern in einem politischen Spannungsfeld, das von zwei Extrempositionen geprägt wird: einerseits von der völligen Ablehnung der eine kulturelle Abhängigkeit erzeugenden Sprache der ehemaligen Kolonisatoren, verbunden mit der Stärkung der arabisch-islamischen Identität (wobei die Arabisierung nicht grundsätzlich mit dem religiösen Fundamentalismus in Zusammenhang steht, vgl. MOATASSIME 1996), andererseits von einer z.T. glorifizierenden, zumindest aber grundsätzlich positiven Einstellung gegenüber der

---

[55] Gelegentlich werden auch zusätzlich Mauretanien und Libyen unter diesem Begriff subsumiert (sog. *Grand Maghreb*).

[56] Unter *Berberisch* versteht man eine Gruppe von untereinander stark differenzierten Varietäten mit nur rudimentärer Schriftkultur, die – wie das Arabische und Hebräische auch – zur Familie der hamito-semitischen (auch: afro-asiatischen) Sprachen gehören. Den geringsten Anteil an Berberophonen hat mit 1 - 2 % Tunesien, den höchsten Marokko (40 - 60 %), in Algerien sprechen 25 - 30 % der Bevölkerung Berberisch (vgl. MOATASSIME 1992, 21; BNOUSSINA 1994, 496).

„langue de Voltaire", die als Vehikel der Modernität und eines (diffusen) Humanismus angesehen wird.

Zum Erhalt des frankophonen Charakters des Maghreb tragen wesentlich der Tourismus (Marokko, Tunesien), der Konsum französischer bzw. frankophoner elektronischer Medien (Satelliten-Fernsehen) sowie die durch Arbeitsmigration mit dem ehemaligen Mutterland aufrecht erhaltenen Beziehungen bei (vgl. ROSSILLON 1995, 90).

Im folgenden geben wir einen knappen Überblick über die heutige Sprachsituation in den drei Staaten des Maghreb sowie ihre politisch-historische Genese.

6.2.1 Marokko

Nachdem Marokko Ende des vergangenen Jahrhunderts Spielball der Kolonialmächte war („Marokko-Krisen" 1905 u. 1911: Aufeinanderprallen deutscher und französischer Hegemonialansprüche), gelangt es 1912 mit der Errichtung eines Protektorats endgültig in den französischen Einflußbereich (Teile des Landes im Norden und Süden werden allerdings span. Protektorat). Nach der Landung der Alliierten im Jahre 1942 wird vom amerikanischen Präsidenten Roosevelt Marokko die Unabhängigkeit in Aussicht stellt. Die sich schon in den 30er Jahren konstituierenden Unabhängigkeitsbewegungen erhalten dadurch zusätzlichen Auftrieb. Unruhen in den 40er und 50er Jahren versuchte Frankreich noch durch Absetzung des Sultans Herr zu werden; angesichts der krisenhaften Entwicklung in Algerien (s.u.) entschied sich Frankreich 1956 jedoch dazu, Marokko in die Unabhängigkeit zu entlassen: Die beiden Protektorate wurden vereinigt und 1957 das Königreich Marokko proklamiert, das nach mehreren Verfassungskrisen in den 60er und 70er Jahren zu gemäßigt demokratischen Strukturen gefunden hat.

In der Zeit des Protektorats war Französisch de-facto-Amtssprache und prominent im Schulwesen vertreten, was wesentlich zur Erhaltung des frankophonen Charakters des Landes nach der Unabhängigkeit beigetragen hat. Im Zuge der Arabisierungsbestrebungen nach Erreichung der Unabhängigkeit wurde das Französische jedoch schrittweise zurückgedrängt. Die unter dem Regime des Protektorats recht günstigen Bedingungen für den Erhalt des arabischen Kulturerbes haben dazu geführt, daß diese Bemühungen in Marokko (und auch in Tunesien) wesentlich erfolgreicher waren als in Algerien (vgl. MOATASSIME 1996, 287).

Gegenwärtig ist das Französische im öffentlichen Bildungswesen ab der 3. Klasse der Grundschulen Pflichtunterrichtsfach, ebenso im Sekundarbereich, wo nur in speziellen technischen bzw. wirtschaftlichen Zweigen das Französische auch als Medium fungiert. Die Lehre im universitären Sektor erfolgt im Bereich der Naturwissenschaften und der Technik auf Französisch, in den Humanwissenschaften hingegen auf Arabisch (vgl. BOUKOUS 1996, 692). Im nicht-öffentlichen Bildungssektor ist das Französische aufgrund des deutlich artikulierten Bedarfs auf allen Ebenen stark präsent.

Zielnorm ist das hexagonale Standardfranzösisch, das - sprachdidaktisch betrachtet - als Fremdsprache gelehrt wird. Der Gebrauch des Französischen korreliert mit dem Formalitätsgrad des Sprechanlasses. Für soziales und wirtschaftliches Fortkommen, die Erlangung von Führungspositionen in Wirtschaft und Politik sind Kenntnisse des Französischen unabdingbar. Sein Erwerb erfolgt also primär mit instrumenteller Motivation (vgl. BOUKOUS 1996, 695 - 697).

Wie auch in Schwarzafrika ist die Angabe von Sprecherzahlen ein schwieriges Unterfangen; bei 65 % Analphabeten bleibt für das Französische prinzipiell ein Potential von 35 %. In einem der letzten Berichte des *Haut Conseil de la Francophonie* (RAPPORT 1993, 435) ist von 18 % „francophones réels" und 30 % „francophones occasionnels" die Rede (Gesamtbevölkerung: ca. 28 Mio.).

6.2.2 Tunesien

Nachdem Tunesien ab dem 7. Jahrhundert von verschiedenen arabisch-islamischen Herrscherhäusern regiert wurde, kam es gegen Ende des 16. Jahrhunderts unter die Herrschaft des Ottomanischen Reiches. Ab 1871 war es nominell unabhängig, jedoch erzwang Frankreich 1881 die Unterstellung unter seine Schutzherrschaft, und 1883 wurde offiziell das Protektorat errichtet: Französisch wird offizielle Sprache, läßt aber der autochthonen Kultur ihren Raum. Die schon Anfang des 19. Jahrhunderts sich manifestierenden Bestrebungen, die Unabhängigkeit von Frankreich zu erreichen, münden 1953 in blutige Unruhen, die das Mutterland dazu bewegen, dem Protektorat im Jahre 1956 die volle Unabhängigkeit zu gewähren. Habib Bourgiba, der neben L. Sédar-Senghor zu den Propheten der Frankophonie zählte, wurde zum Ministerpräsidenten gewählt und ließ sich in diesem Amt 1975 auf Lebenszeit bestätigen. Seine Absetzung im Jahre 1987 führte zu einer vorsichtigen Demokratisierung mit der Zulassung von Oppositionsparteien.

Für die gesellschaftliche Funktion und - damit zusammenhängend - die Präsenz des Französischen im heutigen Bildungswesen gilt ähnliches wie für Marokko: Beginn des Französischunterrichts im Grundschulbereich (seit 1990 bereits ab dem 1. Schuljahr, vgl. ROSSILLON 1995, 91); Zunahme des Arabischen im Sekundarbereich, wobei die naturwissenschaftlichen Fächer auf Französisch unterrichtet werden und Französisch beim „baccalauréat" 1995 sogar Pflichtfach geworden ist (vgl. RAPPORT 1994, 213); im Hochschulbereich bleiben die technischen und wissenschaftlichen Fächer die Bastion des Französischen. Aber auch die Humanwissenschaften werden z.T. auf Französisch gelehrt (vgl. LAROUSSI 1996, 709).

Für Tunesien gilt wahrscheinlich, daß es von allen Maghreb-Staaten die am stärksten pragmatische Haltung zum Französischen einnimmt; dies bedeutet allerdings auch, daß für das Englische, das noch in höherem Ausmaß Internationalität verkörpert, ein günstiges Terrain vorhanden ist (vgl. MANZANO 1995, 181).

Zu den Sprecherzahlen: Der HCF (RAPPORT 1993, 435) geht bei einer Gesamtbevölkerung von 8,6 Mio. Menschen von 30 % „francophones réels" und 40 % „francophones occasionnels" aus. Andere Schätzungen, die als Mindestkompetenz den Sekundarabschluß voraussetzen, sprechen von 5,9 % (Datenmaterial aus den 80er Jahren, vgl. LAROUSSI 1996, 708).

6.2.3 Algerien

Der Algerien betreffende Teil der französischen Kolonialgeschichte gehört - vor allem in seiner Endphase - zu den dunkelsten Kapiteln der französischen Geschichte überhaupt.

Die französische Kolonialisierung Algeriens beginnt im Jahre 1830 mit der Eroberung Algiers. Der arabische Emir Abd el-Kader muß 1843 nach Marokko fliehen und sich 1847 endgültig ergeben. Das Land wird vollständig erobert, wobei die Franzosen bis in die Sahara vordringen. Ab 1871 werden massiv Kolonisten ins Land geholt, vor allem aus dem kurz zuvor von Deutschland annektierten Elsaß-Lothringen. Daneben gab es eine nicht unbedeutende Anzahl von spanischen bzw. katalanischen und italienischen Einwanderern. Die Kolonisten erhalten die fruchtbarsten Gebiete des Landes, die einheimische Bevölkerung wird brutal enteignet und unterdrückt. Abgesehen davon war die französische Algerienpolitik von einer eindeutig kulturvernichtenden Stoßrichtung gekennzeichnet (vgl. ACHOUR 1995); gewachsene Strukturen im Bildungswesen und in der Verwaltung wurden zerstört:

> „C'est [...] en *Algérie* que la déstructuration culturelle a été la plus féroce et l'impact devastateur. Les écoles autochtones furent éliminées et l'arabe banni, non seulement de la vie officielle, mais aussi de l'éducation où il n'avait plus qu'un *statut de langue étrangère* (Hervorhebung B.P.). Une dépersonnalisation aussi profonde, ajoutée à la durée coloniale la plus longue et à son statut le plus répressif du Maghreb, pourrait aussi expliquer, tout au moins partiellement, les déboires actuelles." (MOATASSIME 1996, 284)

Im Jahre 1881 wurde Algerien offiziell ein Teil des französischen Staatsgebietes; dies bedeutete jedoch keine Statusverbesserung für die autochthone Bevölkerung, etwa im Sinne der Erlangung elementarer Grundrechte. Hoffnung auf politische Veränderungen wurden immer wieder enttäuscht, da die europäischen Siedler („Pieds-Noirs")[57] jegliche Reform blockierten. In den 20er und 30er Jahren formierten sich die ersten nationalistischen Gruppen, die eine volle Unabhängigkeit von Frankreich forderten. De Gaulle versprach der autochthonen Bevölkerung zwar 1944 das volle Bürgerrecht, es kam jedoch nur zum sog. Algerien-Statut, das der moslemischen Bevölkerung im Lande weiterhin weniger politisches Gewicht zubilligte als der französischen bzw. europäischen Minderheit.

Im Jahre 1954 kam es schließlich zum massiven bewaffneten Widerstand gegen die französische Unterdrückung: Der *Front de Libération Nationale* (FLN), der bald 30.000 Widerstandskämpfer zählte, hielt eine Armee von 500.000 französischen Soldaten in Schach. Obwohl Frankreich auch vor Aktionen nicht zurückschreckte, die heute als „Staatsterrorismus" bezeichnet würden, gewann die Kolonialmacht erst 1959 die Oberhand. Zuvor (1958) war es durch Putschandrohung der algerischen Siedler und von Teilen der Armee zum Sturz der 4. Republik und zur Wiederwahl de Gaulles gekommen, der als Verfechter eines zu Frankreich gehörigen Algerien galt. Er leitete jedoch Verhandlungen ein, die trotz eines Putschversuches der Armee und der französischen Siedler in die Verträge von Evian (1962) und schließlich die Unabhängigkeit Algeriens

---

[57] Dieser Bezeichnung leitet sich vermutlich aus dem Umstand ab, daß die Kolonisten – im Unterschied zur einheimischen Bevölkerung – (schwarze) Schuhe trugen ...

(Volksabstimmung 1. 7. 1962) mündeten. Die Loslösung vom Mutterland führte zur Aussiedlung fast aller „Pieds-Noirs".

In der ersten Zeit der Unabhängigkeit (bis 1976) wurde Algerien von mehr oder weniger stark kommunistisch orientierten Machthabern bzw. der Armee kontrolliert. Erst 1989, als eine katastrophale Wirtschaftskrise das Land erschütterte und das Aufkommen des islamischen Fundamentalismus (*intégrisme*) förderte, kam es zu einer vorsichtigen Demokratisierung (Mehrparteiensystem). Seit 1991, als der fundamentalistische *Front islamique du salut* (FIS) einen überwältigenden Wahlsieg errungen hatte und daraufhin verboten wurde, ist das Land nicht mehr zur Ruhe gekommen.

Wie in dem obigen Zitat angeklungen ist, liegt die heutige konfliktuelle Situation in der französischen Kolonialpolitik begründet, die einer extremen Spaltung der Gesellschaft Vorschub geleistet hat: hie eine frankophone Elite, da die breite Masse der wirtschaftlich benachteiligten arabophonen (oder nur rudimentär frankophonen) Moslems. Die offiziell betriebene Arabisierung der jüngsten Vergangenheit - 1988 wurde der Zugang zu französischen Schulen für Algerier verboten und 1991 ein Gesetz erlassen, das in der gesamten öffentlichen Verwaltung nur das Arabische zuläßt - hat nichts daran geändert, daß es durch die Beibehaltung der kolonialen Strukturen im Bildungsbereich in der Zeit der Unabhängigkeit eher noch zu einer „Frankophonisierung" gekommen ist und der funktionale Wert des Französischen unverändert hoch bleibt:

> „A l'indépendance, le pays hérite d'une élite francisante qui maintient le français comme langue du pouvoir économique et financier, scientifique et technique. Aujourd'hui, il est enseigné dès le primaire comme langue étrangère dans tout le pays. Il reste la langue de l'enseignement dans la plupart des filières scientifiques, en médicine et en architecture. Ailleurs, il reste très présent par la publication d'ouvrages en français, par l'importation de matériel pédagogique et la formation supérieure à l'étranger." (SAADI 1995, 131)

Andererseits steht das Französische in einer Zeit des politisch-religiösen Extremismus als Symbol der Modernität und Verwestlichung oder gar des Verrats an Land und Glauben unter starkem Druck, sodaß ein Bekenntnis zum Französischen für Leib und Leben gefährlich ist.

6.2.4 Besonderheiten des Französischen im Maghreb

Da es sich beim Französischen im Maghreb um eine Fremdsprache handelt, die im institutionellen Kontext der Schule erworben wird,[58] lassen sich seine besonderen Merkmale häufig aus der Interferenz mit der Muttersprache erklären. Freilich hängt das Vorkommensausmaß der Interferenz von mehreren Variablen ab; neben rein persönlich-psychischen Faktoren (Müdigkeit, Konzentration etc.) spielt der Grad der Scholarisierung und der Kontakt mit anderen Frankophonen eine Rolle.

Die nachfolgende Übersicht beschränkt sich auf die hervorstechendsten und stabilsten Merkmale in den Bereichen der Phonetik, der (Morpho-)Syntax und des Lexikons:

• Phonetik – der „accent arabe"

Der Vergleich der Phoneminventare des Arabischen und des Französischen ergibt einige offensichtliche Lücken, die relativ sichere Voraussagen über die Abweichungen erlauben. So verfügt das Arabische nur über zwei Reihen (lang/kurz) von jeweils drei vokalischen Phonemen: /i/, /a/, /u/ und /i:/, /a:/, /u:/. Weiters fehlen die gerundeten Vokale /y/, /ø/, /œ/ und die Nasalvokale /ã/, /õ/, /ɛ̃/. Im Bereich des Konsonantismus fehlen z.B. /p/, /v/ und /ɲ/. Allerdings haben die regionalen Varietäten des Arabischen, die auch innerhalb des Maghreb stark divergieren können, unterschiedliche (freie und kombinatorische) Realisationen der Phoneme, die dann artikulatorisch den französischen Vokalen ähnlich sind: /a/ schwankt zwischen [e] und [a], /u/ kann auch als [ə] oder [o] realisiert werden (Bsp. aus dem tunes. Dialekt, vgl. MAUME 1973, 96). Generell ist aber das arabische System im Vergleich zum Französischen ärmer an Kontrasten, dies ist bei der Aussprache des Französischen durch Sprecher mit Arabisch als Muttersprache häufig spürbar.
Manche der im Standardarabischen fehlenden Konsonanten können durch alte Sprachkontakte mit dem Französischen oder anderen Sprachen in regionalen Varietäten sehr wohl vorhanden sein (vgl. MAUME 1973, 99): Hier ist zu bedenken, daß vor der französischen Kolonisierung im Mittelmeerraum die sog. *lingua franca* (auch als *sabir* bezeichnet) als

[58] Durch rudimentäre Scholarisierung (Schulversagen) können auch pidginisierte Varietäten entstehen, die als „francarabe" bezeichnet werden.

Verkehrssprache im Bereich des Handels verwendet wurde. Sie enthielt romanische (südfranz., ital.), arabische und auch griechische Elemente. Typische Abweichungen (vgl. MAUME 1973, BASTIDE 1980 u. DALACHE 1981), die man im Maghreb hören kann, sind beispielsweise:

[ɛ] → [e]: *très* [tre]
[e] → [i]: *téléphone* [tilifun], *calamité* [kalamiti]
[ɔ] → [u]: *téléphone* [tilifun]
[y] → [i] oder [u]: *tu* [tu], *inutile* [initil]
[ɔ̃] ↔ [ã]: *dont* [dã], *raison* [rezã]
[ɔ̃] → [u:]: *savon* [sabu:n]
[ã] → [a]: *campagne* [kapaɲ]

[v] → [f] oder [b]: *vérité* [firiti]; *savon* [sabu:n]
[p]→ [b]: *proviseur* [brufizur]]

Einen Sonderfall stellt die Ersetzung des „r grasseyé" [ʀ] durch ein gerolltes apikales [r] dar, weil das Arabische über einen Laut („raïn") verfügt, der dem uvularen [ʀ] sehr ähnlich ist, also eigentlich kein artikulatorisches Problem besteht. Der Umstand, daß die Ersetzung vor allem bei Männern zu beobachten ist, während Frauen der Pariser Norm folgen, hat zur Theorie geführt, daß es sich grundsätzlich um ein historisches Phänomen handelt, weil die ersten Kolonisten Franzosen aus dem Midi, Spanier und Italiener waren. Später sei die apikale gerollte Aussprache dann zu einem Gruppenmerkmal geworden. Zweifelsohne hat die Ersetzung aber auch einen sprachimmanenten Hintergrund (vgl. MAUME 1973, 101; WALTER 1988, 215); zum einen ist das arabische [ʀ] viel seltener als sein gerolltes Pendant, zum anderen wird es bei der Entlehnung aus dem Arabischen fast durchgängig als <g> transkribiert (z.B.: *Maghreb, magazin*).

• Morphosyntax:

Viele der Abweichungen in diesem Bereich – ein brauchbarer Überblick mit weiterführenden bibliographischen Angaben findet sich bei GLESSGEN 1996 – sind nicht typisch für die arabisch-französische Kontaktsituation, sondern vielfach auch in anderen Teilen der Frankophonie belegt.
M.-D. Gleßgen nennt als charakteristische Eigenschaft des maghrebinischen Französisch „seine starke Varianz bei habituellen Wortverknüpfungen (Rektionen, Phraseologismen etc.), die eine deutliche syn-

taktische Relevanz erhält und jede Sprachäußerung prägt, gleichwohl nur selten zu Lexikalisierungen und Neustrukturierungen auf Systemebene führt" (GLESSGEN 1996, 53).

Die beobachtbaren Phänomene (vgl. dazu die zahlreichen marokkanischen Beispiele in GLESSGEN 1997) gehören also mehrheitlich der parole an; die Entstehung endogener Normen ist unwahrscheinlich.

• Lexikon:

Lexikalische Besonderheiten des Französischen im Maghreb – häufig Entlehnungen aus dem Arabischen – erklären sich in der Regel aus spezifischen Bezeichnungsbedürfnissen. Lexeme, die religiöse Sachverhalte bezeichnen (*charia* „loi musulmane", *ramadan*, *(o)umma* „nation, communauté musulmane" etc.), sind im gesamten Maghreb verbreitet und oft auch in Frankreich bekannt. Dabei werden nach Bedarf auch Ableitungen gebildet: *ramadanesque*, *ramadanien* u.ä.

Ohne den Normdruck, wie er in Frankreich herrscht, kommt es zu Ableitungen von französischen Lexemen, die im Hexagon unbekannt sind, und zu auffallenden Bedeutungsverschiebungen: *formaliser* „rendre officiel", *s'urbaniser* „se concentrer en ville", *cycliste* „personne qui vend et qui répare les bicyclettes" (vgl. DERRADJI 1995; Beispiele aus Algerien), *éditorialiser* „écrire un éditorial", *agencier* „journaliste qui travaille pour les agences de presse", *finançable* „qu'on peut financer" etc. (vgl. SALAH-EDDINE 1995; Marokko).

Daneben existieren zahlreiche länderspezifische Entlehnungen; die folgenden Beispiele sind nur in Tunesien gebräuchliche Ausdrücke (vgl. DEBOV 1995, 108): *bouha* „alcool de figue", *chicha* „narguilé", *chkouba* „jeu de cartes", *deggaz* „guerisseur", *imada* „circonscription", *lablabi* „potage aux pois chiches".

***

Die lange französische Präsenz in Algerien hat außer den bisher erwähnten in linguistischer Hinsicht noch zwei andere Konsequenzen, die in diesem Zusammenhang erwähnt werden müssen: 1. Die Übernahme arabischer Wörter in den Substandard des hexagonalen Französisch (s. Arbeitsaufgabe 3) und 2. die Entstehung eines *français d'Algérie* (auch *pataouète* genannt), einer für die „Pieds-Noirs" typischen Varietät des

Französischen, in das arabische, spanische, katalanische und italienische Elemente Eingang gefunden haben (vgl. zum Wortschatz DUCLOS 1992).

Arbeitsaufgaben:
1. Versuchen Sie die Etymologie von *Maghreb* herauszufinden! Welches Toponym für eine Kulturlandschaft auf der Iberischen Halbinsel hängt etymologisch mit *Maghreb* zusammen?
2. Informieren Sie sich über die Ausbreitung des Islams (und damit des Arabischen) im Maghreb.
3. Erstellen Sie anhand der Angaben in NOLL 1991 eine Liste der heute noch geläufigen Arabismen im französischen Substandard und beschreiben Sie mit Hilfe großer einsprachiger Wörterbücher deren Bedeutung und Verwendung.

7. Bibliographie

Vorwort/Allgemeine Literatur

ABOU, Sélim/HADDAD, Katia (Hg.): Une francophonie différentielle. Paris: L'Harmattan, 1994

ALF = GILLIÉRON, Jules/EDMONT, Edmond: Atlas linguistique de la France. 10 Bde. Paris: Champion, 1902 - 14

COMBE, Dominique: Poétiques francophones. Paris: Hachette, 1995

FRANCARD, Michel/LATIN, Danièle (Hg.): Le régionalisme lexical. Louvain: Duculot, 1995

GAUDIN, François: Comparaison des politiques française, belge et québécoise en matière linguistique. In: La banque des Mots 48 (1994), 77 - 87

PICOCHE, Jacqueline/MARCHELLO-NIZIA, Christiane: Histoire de la langue française. Paris: Nathan, [4]1994

RAPPORT 1990 = HAUT CONSEIL DE LA FRANCOPHONIE (Hg.): État de la francophonie dans le monde. Paris: La Documentation française, 1990

RAPPORT 1993 = HAUT CONSEIL DE LA FRANCOPHONIE (Hg.): État de la francophonie dans le monde. Paris: La Documentation française, 1993

RAPPORT 1994 = HAUT CONSEIL DE LA FRANCOPHONIE (Hg.): État de la francophonie dans le monde. Paris: La Documentation française, 1994

RAPPORT 1995-1996 = HAUT CONSEIL DE LA FRANCOPHONIE (Hg.): État de la francophonie dans le monde. Paris: La Documentation française, 1997

ROBILLARD, Didier de/BENIAMINO, Michel (Hg.): Le français dans l'espace francophone. Description linguistique et sociolinguistique de la francophonie. Vol. 1. Paris: Champion, 1993

— (Hg.): Le français dans l'espace francophone. Description linguistique et sociolinguistique de la francophonie. Vol. 2. Paris: Champion, 1996

*ROSSILLON, Philippe (Hg.): Atlas de la langue française. Paris: Bordas, 1995

*STEIN, Peter: Kreolisch und Französisch. Tübingen: Niemeyer, 1984 (Romanistische Arbeitshefte 25)

VALDMAN, Albert (Hg.): Le français hors de France. Paris: Champion, 1979

Kapitel 1: Frankophonie

ACHARD, Pierre: Francophone, francophonie. Note lexicographique sur quelques chimères. In: Mots 8 (1984), 196 - 198

BOSTOCK, William W.: Francophonie. Organisation, co-ordination, evaluation. Melbourne: River Seine Publications, 1986

*BRUCHET, Josseline: Langue française et francophonie. Répertoire des organisations et associations œuvrant pour la promotion de la langue française. Paris: CILF, 1996

BRUN, Auguste: Recherches historiques sur l'introduction du français dans les provinces du Midi. Genf: Slatkine, 1923 (réimpr. 1973)

BRUN, Auguste: La pénétration du français dans les provinces du Midi du XVe au XIXe siècle. In: Le Français moderne 3 (1935), 149 - 161

*DENIAU, Xavier: La francophonie. Paris: Presses Universitaires de France, [3]1995 (Que sais-je No. 2111)

GOOSSE, André: La notion de qualité de la langue française en Belgique. In: Eloy, Jean-Michel (Hg.): La qualité de la langue? Le cas du français. Paris: Champion, 1995, 269 - 284

LUDWIG, Ralph: Sprache als Kultursymbol. Entwicklungen in der Frankophonie und Hispanophonie. In: RAIBLE, Wolfgang (Hg.): Kulturelle Perspektiven auf Schrift und Schreibprozesse. Tübingen: Narr, 1995 (ScriptOralia 72), 187 - 214

LUTHI, J.-J./VIATTE, A./ ZANANIRI, G.: Dictionnaire général de la Francophonie. Paris: Letouzey et Ané, 1986

TÉTU, Michel: La Francophonie: Histoire, problématique et perspectives. Paris: Hachette, 1988

WEINSTEIN, Brian: Francophonie: purism at the international level. In: JERNUDD, Björn H./SHAPIRO, Michael J. (Hg.): The Politics of Language Purism. Berlin/New York: Mouton de Gruyter, 1989, 53 - 79

Kapitel 2: Regionales Französisch

BALDINGER, Kurt: L'importance du vocabulaire dialectal dans un thesaurus de la langue française. In: IMBS, Paul (Hg.): Lexicologie et lexicographie françaises et romanes. Orientations et exigences actuelles. Strasbourg 12 - 16 Novembre 1957. Paris: Éditions du CNRS, 1961, 149 - 176

CHAUDENSON, Robert: La typologie des situations de francophonie. In: ROBILLARD, Didier de/BENIAMINO, Michel (Hg.): Le français dans l'espace francophone. Description linguistique et sociolinguistique de la francophonie. Vol. 1. Paris: Champion, 1993, 357 - 369

CLYNE, Michael (Hg.): Pluricentric Languages. Differing Norms in Different Nations. Berlin/New York: de Gruyter, 1992

CORBEIL, Jean-Claude: Le „français régional" en question. In: Cahiers de l'Institut de Linguistique de Louvain 9 (1984) 3/4, 31 - 44

DAVAU, Maurice/COHEN, Marcel/LALLEMAND, Maurice: Dictionnaire du français vivant. Paris: Bordas, 1972

LABOV, William: Sociolinguistic Patterns. Philadelphia: University of Pennsylvania Press, 1972

MÜLLER, Bodo: Das Französische der Gegenwart. Varietäten - Strukturen - Tendenzen. Heidelberg: Winter, 1975

PIRON, Maurice: Français régional, français non centralisé. In: Le Français Moderne 52 (1984) 3 /4, 220 - 221

*POIRIER, Claude: Le français „régional": méthodologies et terminologies. In: NIEDEREHE, Hans-Josef/WOLF, Lothar (Hg.): Français du Canada - français de France. Actes du Colloque de Trèves du 26 au 28 septembre 1985. Tübingen: Niemeyer, 1987 (Canadiana Romanica 1), 139 - 176

PÖLL, Bernhard: *Le* français ou *les* français? La difficile naissance de la pluricentricité. In: Lengas 43 (1998), 163 - 182

RINDLER SCHJERVE, Rosita: Zur Problematik des Begriffs „français régional". In: Beiträge zur romanischen Philologie 25 (1986) 1, 121 - 133

STRAKA, Georges: Les français régionaux: exposé général. In: DUPUIS, Henriette (Hg.): Actes du colloque „Les français régionaux". Québec: Éditeur officiel du Québec, 1981, 31 - 45

SWIGGERS, Pierre: L'insécurité linguistique: du complexe (problématique) à la complexité du problème. In: Cahiers de l'Institut de Linguistique de Louvain 19 (1993)3/4, 19 - 29

TUAILLON, Gaston: Réflexions sur le français régional. In: TraLiLi 15 (1977), 1, 7 - 29 (Colloque sur le français parlé dans les villages de vignerons. Dijon 18 - 20 novembre 1976)

— : Les régionalismes du français parlé à Vourey, village dauphinois. Paris: Klincksieck, 1983

WARNANT, Léon: Dialectes du français et français régionaux. In: Langue française 18 (1973), 100 - 125

WOLF, Lothar: Le français régional. Essai de définition. In: TraLiLi 10 (1972) 1, 171 - 177

Kapitel 3: Typologie der frankophonen Gebiete

*BAL, Willy: Unité et diversité de la langue française. In: REBOULLET, A./TÉTU, M. (Hg.): Guide culturel: civilisations et littératures d'expression française. Paris: Hachette, 1977, 5 - 28

BERSCHIN, Helmut/FELIXBERGER, Josef/GOEBL, Hans: Französische Sprachgeschichte. Lateinische Basis - Interne und externe Geschichte - Sprachliche Gliederung Frankreichs. München: Hueber, 1978

CHAUDENSON, Robert: La typologie des situations de francophonie. In: ROBILLARD, Didier de/BENIAMINO, Michel (Hg.): Le français dans l'espace francophone. Description linguistique et sociolinguistique de la francophonie. Vol. 1. Paris: Champion, 1993, 357 - 369

PETSCH, Alfred: Frankreich. Geographie, Geschichte, Wirtschaft, Politik. Darmstadt: Wissenschaftliche Buchgesellschaft, 1997

VALDMAN, Albert: Avant-propos zu ders. (Hg.): Le français hors de France. Paris: Champion, 1979, 5 - 18

VALDMAN, Albert: Normes locales et francophonie. In: BÉDARD, Édith/MAURAIS, Jacques (Hg.): La norme linguistique. Paris/Québec: Le Robert/Conseil de la langue française, 1983, 667 - 706

Kapitel 4.1: Suisse romande

ARÈS, Georges: Parler suisse, parler français. Vevey: Editions de l'Aire, 1994

DE PIETRO, Jean-François/MATTHEY, Marinette: „Comme Suisses romands, on emploie déjà tellement de germanismes sans s'en rendre compte ...". Entre insécurité et identité linguistiques: le cas du français à Neuchâtel (Suisse). In: Cahiers de l'Institut de linguistique de Louvain 19 (1993) 3/4, 121 - 136

DE PIETRO, Jean-François: Francophone ou romand? Qualité de la langue et identité linguistique en situation minoritaire. In: Eloy, Jean-Michel (Hg.): La qualité de la langue? Le cas du français. Paris: Champion, 1995, 223 - 250

EIDGENÖSSISCHES DEPARTEMENT DES INNERN (Hg.): *Zustand und Zunkunft der viersprachigen Schweiz.* Abklärungen, Vorschläge und Empfehlungen einer Arbeitsgruppe des Eidgenössischen Departementes des Innern. Bern 1989

FRÉCHET, Claudine/BAPTISTE, Jean-Martin: Les helvétismes sont-ils tous des traits propres au français de la Suisse romande? In: Ministère de l'éducation nationale et de la culture (Hg.): Études francoprovençales. Actes du colloque réunis dans le cadre du 116e Congrès national des Sociétés savantes, Chambéry-Annecy, 29 avril - 4 mai 1991. Paris: Editions du C.T.H.S. 1993, 127 - 137

GARDETTE, Pierre: La romanisation du domaine francoprovençal. In: Marzys, Zygmunt/Voillat, François (Hg.): Colloque de dialectologie francoprovençale. Neuchâtel/Genève: Droz, 1971, 1 - 26

GAUCHAT, Louis/JEANJAQUET, Jules/TAPPOLET, Ernest: Glossaire des patois de la Suisse romande. Neuchâtel/Paris: Attinger, 1924ff.

HAAS, Walter: Sprachgeschichtliche Grundlagen. In: SCHLÄPFER, Robert (Hg.): Die viersprachige Schweiz. Zürich, Köln: Benziger, 1982, 21 - 70

IM HOF, Ulrich: Geschichte der Schweiz. Stuttgart/Berlin/Köln/Mainz: Kohlhammer, 31981

KNECHT, Pierre: Le français en Suisse romande: aspects linguistiques et sociolinguistiques. In: VALDMAN, Albert (Hg.): Le français hors de France. Paris: Champion, 1979, 249 - 258

*— : Die französischsprachige Schweiz. In: SCHLÄPFER, Robert (Hg.): Die viersprachige Schweiz. Zürich, Bern: Benziger, 1982, 161 - 209

*KNECHT, Pierre/RUBATTEL, Christian: À propos de la dimension sociolinguistique du français en Suisse romande. In: Le Français moderne 52 (1984), 138 - 150

— : Problèmes sociolinguistiques en Suisse romande. In: WERLEN, Iwar (Hg.): Probleme der schweizerischen Dialektologie. Freiburg: Editions universitaires, 1985, 141 - 157

*KOLDE, Gottfried/NÄF, Anton: Die Westschweiz. In: HINDERLING, Robert/ EICHINGER, Ludwig M. (Hg.): Handbuch der mitteleuropäischen Sprachminderheiten. Tübingen: Narr, 1996, 385 - 412

LENGERT, Joachim: Regionalfranzösisch in der Literatur. Studien zu lexikalischen und grammatischen Regionalismen des Französischen in der Westschweiz. Basel/Tübingen: Francke, 1994

MALMBERG, Bertil: La phonétique. Paris: PUF, 1964 (Que sais-je? No. 637)

PIERREHUMBERT, William: Dictionnaire historique du parler neuchâtelois et suisse romand. Neuchâtel: Attinger, 1926

POHL, Jacques: Le statalisme. In: TraLiLi 22 (1984)1, 251 - 264

SCHÜLE, Ernest (mehrere Artikel der Serie *Langues de chez nous* in der Zeitschrift *Heimatschutz*, 1977 u. 1978)

— : Helvétismes d'usage courant communiqués à la Rédaction Larousse, 1978. In: DUPUIS, Henriette (Hg.): Actes du Colloque „Les français régionaux". Québec, 21 au 25 octobre 1979. Québec: Editeur officiel du Québec, 1979, 232 - 238

SPICHINGER, Violaine: La diffusion du français en Suisse romande après 1500. In: BETEMPS, Alexis (Hg.): Histoire linguistique de la Vallée d'Aoste du Moyen Age au XVIIIe siècle. Actes du séminaire de Saint-Pierre, 16 - 18 mai 1983.

Aosta: Centre d'Etudes francoprovençales „René Willien" de Saint-Nicolas, 1985, 20 - 30

*THIBAULT, André: Dictionnaire suisse romand. Particularités lexicales du français contemporain. Genève: Éditions Zoé, 1997

TPPSR = GAUCHAT, Louis/JEANJAQUET, Jules/TAPPOLET, Ernest: Tableaux phonétiques des patois suisses romands. Neuchâtel: Attinger, 1925

VOILLAT, François: Aspects du français régional actuel. In: MARZYS, Zygmunt/VOILLAT, François (Hg.): Colloque de dialectologie francoprovençale. Neuchâtel/Genève: Droz, 1971, 216 - 246

ZIMMERLI, Jakob: Die deutsch-französische Sprachgrenze in der Schweiz. 3 Bde. Darmstadt/Basel/Genf 1891, 1895, 1899

Kapitel 4.2: Aosta-Tal

BAUER, Roland: Plurilinguismus und Autonomie im Aostatal: Ergebnisse einer empirischen Untersuchung. In: KATTENBUSCH, Dieter (Hg.): Minderheiten in der Romania. Wilhelmsfeld: Egert, 1995, 255 - 284

JABLONKA, Frank: Das Französische im Aosta-Tal: Aspekte der Kompetenz mehrsprachiger Sprecher. In: HELFRICH, Uta/RIEHL, Claudia Maria (Hg.): Mehrsprachigkeit in Europa - Hindernis oder Chance? Wilhelmsfeld: Egert, 1994, 179 - 197

KASBARIAN, Jean-Michel: Le français au Val d'Aoste. In: ROBILLARD, Didier de/BENIAMINO, Michel (Hg.): Le français dans l'espace francophone. Description linguistique et sociolinguistique de la francophonie. Vol. 1. Paris: Champion, 1993, 337 - 351

MARTIN, Jean-Pierre: Le français parlé en Vallée d'Aoste et sa situation linguistique par rapport à l'italien. In: VALDMAN, Albert (Hg.): Le français hors de France. Paris: Champion, 1979, 271 - 284

— : Aperçu historique de la langue française en Vallée d'Aoste. Aosta: Tradition et Progrès, 1982

PERRIN, Joseph-César: L'Edit du 22 septembre 1561: analyse historique des causes de l'obligation de l'emploi de la langue vulgaire en Vallée d'Aoste. In: BETEMPS, Alexis (Hg.): Histoire linguistique de la Vallée d'Aoste du Moyen Age au XVIIIe siècle. Actes du séminaire de Saint-Pierre, 16 - 18 mai 1983. Aosta: Centre d'Etudes francoprovençales „René Willien" de Saint-Nicolas, 1985, 61 - 70

SCHULZ, Sabine C.: Mehrsprachigkeit im Aostatal. Würzburg: Lehmann, 1995 (Romania occidentalis 27)

SOULAS DE RUSSEL, D.-J.-M: Les problèmes de la francophonie du Val d'Aoste. In: Lebende Sprachen 39 (1994) 1, 22 - 23

WOLF, Lothar: Texte und Dokumente zur französischen Sprachgeschichte. 16. Jahrhundert. Tübingen: Niemeyer, 1969

ZANOTTO, André: Histoire de la Vallée d'Aoste. Aoste: Editions Musumeci, [2]1980

Kapitel 4.3: Belgien

BAL, Willy: Le wallon. In: DAHMEN, Wolfgang/HOLTUS, Günter/KRAMER, Johannes/METZELTIN, Michael/SCHMITT, Christian/WINKELMANN, Otto (Hg.): Germanisch und Romanisch in Belgien und Luxemburg. Romanistisches Kolloquium VI. Tübingen: Narr, 1992, 136 - 145

BAL, Willy/DOPPAGNE, Albert/GOOSSE, André/HANSE, Joseph/LENOBLE-PINSON, Michèle/ POHL, Jacques/WARNANT, Léon: Belgicismes. Inventaire des particularités lexicales du français en Belgique. Louvain: Duculot, 1994

*BLAMPAIN, Daniel/GOOSSE, André/KLINKENBERG, Jean-Marie/WILMET, Marc (Hg.): Le français de Belgique. Une langue, une communauté. Louvain: Duculot, 1997

ERFURT, Jürgen: Sprachpolitik in Belgien. In: DAHMEN, Wolfgang/HOLTUS, Günter/KRAMER, Johannes/METZELTIN, Michael/SCHMITT, Christian/ WINKELMANN, Otto (Hg.): Germanisch und Romanisch in Belgien und Luxemburg. Romanistisches Kolloquium VI. Tübingen: Narr, 1992, 3 - 27

*FRANCARD, Michel: Ces Belges qui parlent français. Cassette vidéo et livret d'accompagnement. Louvain 1990 (Université catholique de Louvain, Unité de linguistique française) (=1990a)

— : Les bons usages des Belges francophones. Recherches en cours sur les variétés du français de Belgique. In: CLAS, André/OUOBA, Benoît (Hg.): Visages du français. Variétés lexicales de l'espace francophone. Paris: Editions John Libbey Eurotext, 1990, 117 - 126 (=1990b)

*— : Français régional et francisation d'un dialecte. De la déviance à la variation. In: KREMER, Dieter (Hg.): Actes du XVIIIe Congrès International de Linguistique et de Philologie Romanes. Université de Trèves 1986. Tome 3. Tübingen: Niemeyer, 1991, 370 - 382

— : Trop proches pour ne pas être différents. Profils de l'insécurité linguistique dans la Communauté française de Belgique. In: Cahiers de l'Institut de Linguistique de Louvain 19 (1993), 3/4, 61 - 70 (=1993a)

*— : Entre *Romania* et *Germania*: La Belgique francophone. In: ROBILLARD, Didier de/BENIAMINO, Michel (Hg.): Le français dans l'espace francophone. Description linguistique et sociolinguistique de la francophonie. Vol. 1. Paris: Champion, 1993, 317 - 336 (=1993b)

GOOSSE, André: Locutions régionales de Belgique. Origine et vitalité. In: LABELLE, Jacques/LECLÈRE, Christian (Hg.): Lexiques-grammaires comparés en français. Actes du Colloque international de Montréal, 3 - 5 juin 1992. Amsterdam/Philadelphia: Benjamins, 1995, 29 - 35

GUÉRIVIÈRE, Jean de la: Belgique: la revanche des langues. Paris: Seuil, 1994

HANSE, Joseph/DOPPAGNE, Albert/BOURGEOIS-GIELEN, Hélène: Chasse aux belgicismes. Bruxelles: Fondation Charles Plisnier, 1971

KERN, Rudolf: Sprachen und Völker Belgiens. In: HENTSCHEL, Gerd (Hg.): Über Muttersprachen und Vaterländer. Zur Entwicklung von Standardsprachen und Nationen in Europa. Frankfurt etc.: Lang, 1997, 63 - 101

LEBOUC, Georges: Le belge dans tous ses états. Dictionnaire de belgicismes, grammaire, prononciation. Paris: Bonneton, 1998

MASSION, François: Dictionnaire de belgicismes. 2 Bde. Frankfurt/Bern/New York/Paris: Lang, 1987

PIRON, Maurice: Les belgicismes lexicaux: essai d'un inventaire. In: TraLiLi 11 (1973), 1, 295 - 304 (= Mélanges Paul Imbs)
— : Le français de Belgique. In: VALDMAN, Albert (Hg.): Le français hors de France. Paris: Champion, 1979, 201 - 221
POHL, Jacques: Communication Field and Linguistic Field: the Influence of the Border (France and Belgium) on the French language. In: International Journal of Sociology of Language 15 (1978), 85 - 90
— : Accents de France et de Belgique. In: La Banque des Mots 25 (1983), 19 - 25
— : Le statalisme. In: TraLiLi 22 (1984)1, 251 - 264
REMACLE, Louis: Le problème de l'ancien wallon. Paris: Edition Les Belles Lettres, 1948
— : La différenciation dialectale en Belgique romane avant 1600. Genève: Droz, 1992
WEBER, Peter J.: Die multilinguale und multikulturelle Gesellschaft: eine Utopie ? Aspekte einer empirischen Komponentenanalyse zur sprachlichen Identität in Belgien. Bonn: Dümmler, 1996
WOLF, Heinz Jürgen: Belgisches Französisch. In: LOPE, Hans-Joachim (Hg.): Studia Belgica. Aufsätze zur Literatur- und Kulturgeschichte Belgiens. Frankfurt/ Bern: Lang, 1980, 197 - 218
*— : Das Französische in Belgien. In: DAHMEN, Wolfgang/HOLTUS, Günter/ KRAMER, Johannes/METZELTIN, Michael/SCHMITT, Christian/WINKELMANN, Otto (Hg.): Germanisch und Romanisch in Belgien und Luxemburg. Romanistisches Kolloquium VI. Tübingen: Narr, 1992, 101 - 115

Kapitel 4.4: Luxemburg

BERG, Guy: „Mir wëlle bleiwe, wat mir sin": soziolinguistische und sprachtypologische Betrachtungen zur luxemburgischen Mehrsprachigkeit. Tübingen: Niemeyer, 1993 (RGL 140)
DAHMEN, Wolfgang/HOLTUS, Günter/KRAMER, Johannes/METZELTIN, Michael/ SCHMITT, Christian/ WINKELMANN, Otto (Hg.): Germanisch und Romanisch in Belgien und Luxemburg. Romanistisches Kolloquium VI. Tübingen: Narr, 1992
DOPPAGNE, Albert: Le français au Grand-Duché de Luxembourg: considérations sociologiques et linguistiques. In: BOUDREAULT, Marcel/MÖHREN, Frankwalt (Hg.): Actes du XIIIe Congrès international de linguistique et philologie romanes. Université Laval, 29 août - 5 septembre 1971. Vol. II. Québec: Presses de l'Université de Laval, 1976, 103 - 116
FRÖHLICH, Harald: Luxemburg. In: Hinderling, Robert/Eichinger, Ludwig M. (Hg.): Handbuch der mitteleuropäischen Sprachminderheiten. Tübingen: Narr, 1996, 459 - 478
GOUDAILLIER, Jean-Pierre: Modification des fonctions des langues en contact et insécurité linguistique: le cas du français au Grand-Duché de Luxembourg. In: Cahiers de l'Institut de Linguistique de Louvain 20 (1994), 1/2, 7 - 19
— : La situation luxembourgeoise: vers un changement de statut de la langue française. In: ROBILLARD, Didier de/BENIAMINO, Michel (Hg.): Le français dans l'espace francophone. Description linguistique et sociolinguistique de la francophonie. Vol. 2. Paris: Champion, 1996, 771 - 781

*HOFFMANN, Fernand: Sprachen in Luxemburg. Sprachwissenschaftliche und literarhistorische Beschreibung einer Triglossiesituation. Wiesbaden: Steiner, 1979 (Deutsche Sprache in Europa und Übersee, Bd. 6)

— : Luxemburg. In: AMMON, Ulrich/DITTMAR, Norbert/ MATTHEIER, Klaus J. (Hg.): Sociolinguistics/Soziolinguistik. Berlin /New York: de Gruyter, 1988 (HSK 3.2), 1334 - 1340

KRAMER, Johannes: Einige Bemerkungen zum Französischen in Luxemburg. In: DAHMEN, Wolfgang/HOLTUS, Günter/KRAMER, Johannes/METZELTIN, Michael/SCHMITT, Christian/ WINKELMANN, Otto (Hg.): Germanisch und Romanisch in Belgien und Luxemburg. Romanistisches Kolloquium VI. Tübingen: Narr, 1992, 203 - 223

— : Zweieinhalbsprachigkeit (Fallstudien zu Korsika, Curaçao, Seychellen, Gröden, Luxemburg). In: MARTI, Roland (Hg.): Sprachenpolitik in Grenzregionen. Saarbrücken: Saarbrücker Dr. und Verlag, 1996, 117 - 135

KRIER, Fernande: Le français et l'allemand prononcés par un Luxembourgeois. In: IRAL 19 (1981) 4, 352 - 360

STOLL, Ferdinand: Langues et Lettres au Grand-Duché de Luxembourg: une culture trilingue. In: Moderne Sprachen 41 (1997) 2, 169 - 176

WEBER, Nico: Sprachen und ihre Funktionen in Luxemburg. In: Zeitschrift für Dialektologie und Linguistik 61 (1994), 129 - 169

Kapitel 5.0 - 5.4: Québec, Acadie, Louisiana

*BARBAUD, Philippe: Le choc des patois en Nouvelle-France. Essai sur l'histoire de la francisation au Canada. Québec: Presses de l'Université du Québec, 1984

BIBEAU, Gilles: Le français québécois: évolution et état présent. In: CORBETT, Noël (Hg.): Langue et identité. Le français et les francophones d'Amérique du Nord. Québec: Les Presses de l'Université Laval, [2]1993, 11 - 18

BOULANGER, Jean-Claude/DE BESSÉ, Bruno/DUGAS, Jean-Yves: Dictionnaire québécois d'aujourd'hui. Montréal: Dicorobert, 1992

BOURHIS, Richard Y./LEPICQ, Dominque: Québécois French and language issues in Quebec. In: POSNER, Rebecca/GREEN, John N. (Hg.): Trends in Romance Linguistics and Philology. Vol. 5: Bilingualism and Linguistic Conflict in Romance. Berlin/New York: Mouton de Gruyter, 1993, 345 - 381

BRAULT, Gérard-J.: Le Français en Nouvelle-Angleterre. In: VALDMAN, Albert (Hg.): Le français hors de France. Paris: Klincksieck, 1979, 75 - 91

BRETON, Roland: Vers une géographie de la Franco-Américanie. In: Études de linguistique appliquée 70 (1988), 43 - 50

— : Crépuscule ou survivance des Francos et de la Franco-Américanie? (Une communauté bien vivante, mais qui ne pouvait *pas être un pays*). In: ROBILLARD, Didier/BENIAMINO, Michel (Hg.): Le français dans l'espace francophone. Description linguistique et sociolinguistique de la francophonie. Vol. 2. Paris: Champion, 1996, 651 - 664

*CAJOLET-LAGANIÈRE, Hélène/MARTEL, Pierre: Entre le complexe d'infériorité linguistique et le désir d'affirmation des Québécois et Québécoises. In: Cahiers de l'Institut de Linguistique de Louvain 19 (1993) 3/4, 169 - 185

CLERMONT, Jean/CEDERGREN, Henrietta J.: Les 'r' de ma mère sont perdus dans l'air. In: THIBAULT, Pierrette (Hg.): Le français parlé. Etudes sociolinguistiques. Edmonton: Linguistic Research, 1979, 13 - 28

*CORBEIL, Jean-Claude: Origine historique de la situation linguistique québécoise. In: Langue française 31 (1976), 6 - 19

—: *Myrtille* ou *bleuet*: Les Québecois devant la norme. In: le français dans le monde 169 (1982), 56 - 60

*CORBETT, Noël (Hg.): Langue et identité. Le français et les francophones d'Amérique du Nord. Québec: Les Presses de l'Université Laval, [2]1993

DAGENAIS, Louise: Les sources historiques des diphtongues dans des dialects d'oïl: de la parenté linguistique. In: Revue québécoise de linguistique théorique et appliquée 5 (1986) 4, 63 - 128

— : L'émergence des diphtongues dans le français du Québec: hypothèse. In: NIEDEREHE, Hans-Josef/WOLF, Lothar (Hg.): Français du Canada - français de France. Actes du 3e Colloque international d'Augsbourg du 13 au 17 mai 1991. Tübingen: Niemeyer, 1993, 3 - 16

DORAIS, Louis-Jacques: La Louisiane. In: CORBETT, Noël (Hg.): Langue et identité. Le français et les francophones d'Amérique du Nord. Québec: Les Presses de l'Université Laval, [2]1993, 139 - 144

DULONG, Gaston: L'influence du vocabulaire maritime sur le franco-canadien. In: Phonétique et linguistiques romanes. Mélanges à Georges Straka. T. 1. Lyon/Strasbourg 1970, 331 - 338

*— : Histoire du français en Amérique du Nord. In: SEBEOK, Thomas A. (Hg.): Current trends in linguistics. Vol. 10: Linguistics in North America. Den Haag/Paris: Mouton, 1973, 407 - 421

DUPUIS, Henriette (Hg.): Actes du colloque „Les français régionaux". Québec: Conseil de la langue française, 1981

FORGET, Danielle: Quel est le français standard au Québec? In: THIBAULT, Pierrette (Hg.): Le français parlé. Etudes sociolinguistiques. Edmonton: Linguistic Research, 1979, 153 - 161

GAGNÉ, Gilles/OSTIGUY, Luc/LAURENCELLE, Louis/LAZURE, Roger: Les variables en relation avec l'utilisation du français oral soutenu en situation de communication formelle chez des élèves québécois du primaire et du secondaire. In: Revue québécoise de linguistique théorique et appliquée 12 (1995), 65 - 97

GAUTHIER, Pierre/LAVOIE, Thomas (Hg.): Français de France et français du Canada. Les parlers de l'Ouest de la France, du Québec et de l'Acadie. Lyon: Centre d'Études linguistiques Jacques Goudet, 1995

GELHAY, Patrick: Notre langue louisianaise: Our Louisiana Language. Jennings (LA): Éditions françaises de Louisiane, 1985

GENDRON, Jean-Denis: Tendances phonétiques du français parlé au Canada. Paris/Québec: Klincksieck/Presses de l'Université Laval, 1966

*— : La définition d'une norme de langue parlée au Québec: une approche sociologique. In: RLiR 38 (1974), 198 - 209

*— : Existe-t-il un usage lexical prédominant à l'heure actuelle au Québec? In: BOISVERT, Lionel/POIRIER, Claude/VERREAULT, Claude (Hg.): Lexicographie québécoise. Bilan et perspectives. Québec: Presses de l'Université Laval, 1986, 89 - 101

GOVAERT-GAUTHIER, Suzanne: Attitudes de vingt-huit Montréalais francophones sur le français parlé au Québec. In: THIBAULT, Pierrette (Hg.): Le français parlé. Etudes sociolinguistiques. Edmonton: Linguistic Research, 1979, 145 - 152

GRIOLET, Patrick: Les mots de Louisiane. Étude lexicale d'une francophonie. Göteborg: Acta Universitatis Gothoburgensis, 1986 (Romanica Gothoburgensia 30)

GRIOLET, Patrick: Cadjins et créoles en Louisiane. Histoire et survivance d'une francophonie. Paris: Payot, 1986

HAMELIN, Jean/PROVENCHER, Jean: Brève histoire du Québec. Montréal: Boréal, 1987

HENRY, Jacques: Le CODOFIL dans le mouvement francophone en Louisiane. In: Présence francophone 43 (1993), 25 - 46

HORIOT, Brigitte (Hg.): Français du Canada - français de France. Actes du 2e Colloque international de Cognac du 27 au 30 septembre 1988. Tübingen: Niemeyer, 1991 (Canadiana Romanica Vol. 6)

JUNEAU, Marcel: Contribution à l'histoire de la prononciation française au Québec. Études des graphies des documents d'archives. Québec: Presses de l'Université Laval, 1972

— : Le vocabulaire maritime dans la langue commune au Québec: apport galloroman. In: HORIOT, Brigitte (Hg.): Français du Canada - français de France. Actes du 2e Colloque international de Cognac du 27 au 30 septembre 1988. Tübingen: Niemeyer, 1991, 17 - 23

KLINGLER, Thomas: Norme, tourisme et étiolement linguistique chez les créolophones en Louisiane. In: Cahiers de l'Institut de Linguistique de Louvain 20 (1994), 1/2, 123 - 129

KLINKENBERG, J.M./RACELLE-LATIN, D./CONNOLLY, G. (Hg.): Langages et collectivités: Le cas du Québec. Actes du Colloque de Liège. Ottawa: Leméac, 1981

*LABRIE, Normand: The Role of Pressure Groups in the Change of the Status of French in Québec since 1960. In: AMMON, Ulrich/HELLINGER, Marlis (Hg.): Status Change of Languages. Berlin/New York: W. de Gruyter, 1992, 17 - 42

LANDRY, Alain: Spécificité du vocabulaire acadien. In: DUPUIS, Henriette (Hg.): Actes du Colloque „Les français régionaux". Québec, 21 au 25 octobre 1979. Québec: Editeur officiel du Québec, 1981, 53 - 60

LANGUE FRANÇAISE 31 (1976): Themennummer *Le français au Québec*

*LAPORTE, Pierre-Etienne: Aspects historiques et politiques de la question de la qualité de la langue: le cas du français québécois. In: ELOY, Jean-Michel (Hg.): La qualité de la langue? Le cas du français. Paris: Champion, 1995, 205 - 222

LAURENDEAU, Paul: Socio-historicité des „Français non conventionnels": le cas du joual (Québec 1960 - 1975). In: LANDY-HOUILLON, Isabelle (Hg.): Grammaire des fautes et français non conventionnels. Actes du IVe Colloque international organisé à l'Ecole Normale Supérieure les 14, 15 et 16 décembre 1989 par le groupe d'Etude en Histoire de la Langue Française. Paris: Presses de l'Ecole Normale Supérieure, 1992, 279 - 296

MARTEL, Pierre: Concordances et divergences entre *français fondamental* et *québécois fondamental*. In: Revue de l'Association québécoise de linguistique 3 (1984) 3, 39 - 61

MARTUCCI, Jean: Le français du Québec. In: KREMER, Dieter (Hg.): Actes du XVIIIe Congrès International de Linguistique et de Philologie Romanes. Université de Trèves 1986. Tome V. Tübingen: Niemeyer, 1988, 102 - 110

MATHIEU, Jacques: La Nouvelle-France. Les Français en Amérique du Nord. XVIe -XVIIIe siècle. Paris: Éditions Belin/Presses de l'Université de Laval, 1991

MAUDERER, Michael: Zum Französischen in der kanadischen Provinz Québec. Bemerkungen zu einigen ausgewählten Fragen der Frankophonie. In: französisch heute 1 (1994), 44 - 60

MAURAIS, Jacques: Régionalismes et langue standard. In: BOISVERT, Lionel/ POIRIER, Claude/VERREAULT, Claude (Hg.): Lexicographie québécoise. Bilan et perspectives. Québec: Presses de l'Université Laval, 1986, 79 - 88

— : Etat de la recherche sur la description de la francophonie au Québec. In: ROBILLARD, Didier de/BENIAMINO, Michel (Hg.): Le français dans l'espace francophone. Description linguistique et sociolinguistique de la francophonie. Vol. 1. Paris: Champion, 1993, 79 - 99

MAURY, Nicole: Diphtongaison: diversité des recherches, fonctionnement en discours (indice ou signal), rapport timbre et prosodie. In: NIEDEREHE, Hans-Josef/WOLF, Lothar (Hg.): Français du Canada - français de France. Actes du 3e Colloque international d'Augsbourg du 13 au 17 mai 1991. Tübingen: Niemeyer, 1993, 17 - 31

*MAURY, Nicole/TESSIER, Jules: À l'écoute des francophones d'Amérique. Exploitation de documents sonores. Montréal: Centre éducatif et culturel, 1991

MENEY, Lionel: Origines et caractéristiques du lexique du français québécois. In: Cahiers de lexicologie 67 (1995) 2, 5 - 36

MILITZ, Hans Manfred: Joual contra Norm: Zur sprachlichen Situation in Québec. In: Zeitschrift für Phonetik, Sprachwissenschaft und Kommunikationsforschung 43 (1990) 6, 805 - 809

MOTAPANYAME, Virginia: Acadian French. München/Newcastle: LINCOM, 1997

MOUGEON, Raymond: Le français en Ontario: bilinguisme, transfert à l'anglais et variabilité linguistique. In: ROBILLARD, Didier de/BENIAMINO, Michel (Hg.): Le français dans l'espace francophone. Description linguistique et sociolinguistique de la francophonie. Vol. 1. Paris: Champion, 1993, 53 - 77

MOUGEON, Raymond/BENIAK, Edouard (Hg.): Le français canadien parlé hors Québec. Aperçu sociolinguistique. Québec: Presses de l'Université Laval, 1989

*— (Hg.): Les origines du français québécois. Sainte-Foy: Presses de l'Université Laval, 1994

— : Le français en Ontario. In: Revue québécoise de linguistique théorique et appliquée 12 (1995), 139 - 164

*NEUMANN, Ingrid: Le créole de Breaux Bridge, Louisiane. Etude morphosyntaxique, textes, vocabulaire. Hamburg: Buske, 1985 (Kreolische Bibliothek Bd. 7)

NEUMANN-HOLZSCHUH, Ingrid: Cajun (Louisiana) und Acadien (Kanada): Konvergenzen und Divergenzen im Lexikon. In: Zeitschrift der Gesellschaft für Kanada-Studien 11 (1991), 19/20, 115 - 140

— : Zwischen *bon usage* und plurizentrischer Sprachkultur. Zum Stand der sprachnormativen Diskussion in Frankreich und Québec. In: Rostocker Beiträge zur Sprachwissenschaft 1 (1995), 195 - 210

NIEDEREHE, Hans-Josef: La situation linguistique de la France à l'aube de la colonisation du Canada. In: NIEDEREHE, Hans-Josef/WOLF, Lothar (Hg.): Français du Canada - français de France. Actes du Colloque de Trèves du 26 au 28 septembre 1985. Tübingen: Niemeyer, 1987, 189 - 200

NOËL, Dany: Que peut bien être la langue pour de jeunes adolescents? In: THIBAULT, Pierrette (Hg.): Le français parlé. Etudes sociolinguistiques. Edmonton: Linguistic Research, 1979, 131 - 143

OFFICE 1965 = Cahiers de l'Office de la langue française „Norme du français parlé et écrit au Québec"

OFFICE 1969 = Cahiers de l'Office de la langue française 4 „Canadianismes de bon aloi"

OFFROY, Geneviève: Contribution à l'étude de la syntaxe québécoise d'après la langue des journaux. In: Travaux de linguistique québécoise 1 (1975), 257 - 321

OSTIGUY, Luc/TOUSIGNANT, Claude: Le français québécois. Normes et usages. Montréal: Guérin, 1993

PACQUOT, Annette: Revendication linguistique et identité culturelle: données d'enquête et réflexions sur la conscience linguistique et les jugements métalinguistiques au Québec. In: MARTEL, Claude (Hg.): Les Français et leurs langues. Colloque tenu à Montpellier les 5, 6 et 7 septembre 1988. Aix: Université de Provence, 1991, 99 - 106

PARENT, Monique: Féminisation et masculinisation des titres de professions au Québec. In: Linguistique 30 (1994) 1, 123 - 135

PÉRONNET, Louise: Le parler acadien du Sud-Est du Nouveau-Brunswick. Éléments grammaticaux et lexicaux. New York etc.: Lang, 1989

— : La situation du français en Acadie: de la survivance à la lutte ouverte. In: ROBILLARD, Didier de/BENIAMINO, Michel (Hg.): Le français dans l'espace francophone. Description linguistique et sociolinguistique de la francophonie. Vol. 1. Paris: Champion, 1993, 101 - 116

PERRIAU, Martine/SEUTIN, Émile: Les emprunts à l'anglais dans le français écrit du Québec. In: Cahiers de l'Institut de Linguistique de Louvain 9 (1984) 1/2, 149 - 167

POIRIER, Claude: Le lexique québécois: son évolution, ses composantes. In: Stanford French Review 4 (1980) 1-2, 43 - 80

POIRIER, Claude/BEAUCHEMIN, Normand/AUGER, Pierre: Dictionnaire du français plus. Montréal: Centre éducatif et culturel, 1988

QUINTAL, Claire: Les institutions franco-américaines: pertes et progrès. In: LOUDER, Dean (Hg.): Le Québec et les francophones de la Nouvelle-Angleterre. Sainte-Foy: Presses de l'Université Laval, 1991, 61 - 84

REINHARD, W./WALDMANN, P. (Hg.): Nord und Süd in Amerika. Gegensätze, Gemeinsamkeiten, europäischer Hintergrund. Freiburg: Rombach, 1992

SARCHER, Walburga Christine: Über Ideal und Wirklichkeit der Frankophonie. Bochum: Brockmeyer, 1994

SCHAFROTH, Elmar: Feminine Berufsbezeichungen in Kanada und Frankreich. In: Zeitschrift der Gesellschaft für Kanada-Studien 12 (1992), 22, 109 - 125

SMITH-THIBODEAUX, John: Les francophones de Louisiane. Paris: Editions Entente, 1977

THIBAULT, Pierrette (Hg.): Le français parlé: études sociolinguistiques. Edmonton (Kanada): Linguistic Research, 1979

TOCQUEVILLE, Alexis de: Œuvres. Vol. 1. Paris: Gallimard, 1991
THOMAS, Alain: Le franco-ontarien: portrait linguistique. In: MOUGEON, Raymond/BENIAK, Edouard (Hg.): Le français canadien parlé hors Québec. Aperçu sociolinguistique. Québec: Presses de l'Université Laval, 1989, 19 - 35
*TRÉPANIER, Cécyle: La Louisiane française au seuil du XXIe siècle. La commercialisation de la culture. In: BOUCHARD, Gérard/COURVILLE, Serge (Hg.): La construction d'une culture. Le Québec et l'Amérique française. Sainte-Foy: Presses de l'Université de Laval, 1993, 361 - 394
VALDMAN, Albert: Le français en Louisiane. In: ROBILLARD, Didier de/ BENIAMINO, Michel (Hg.): Le français dans l'espace francophone. Description linguistique et sociolinguistique de la francophonie. Vol. 2. Paris: Champion, 1996, 633 - 650
VOLLMER, Helmut J.: Bilingualismus und Sprachpolitik in Kanada. In: DERS. (Hg.): Multikulturelle Gesellschaft und Minderheiten in Kanada und USA. Augsburg: AV-Verlag, 1992. 39 - 85
*WALKER, Douglas C.: Canadian French. In: CHAMBERS, J. K. (Hg.): The Languages of Canada. Montréal: Didier, 1979, 133 - 167
— : The Pronunciation of Canadian French. Ottawa: University of Ottawa Press, 1984
WOLF, Lothar et alii: Französische Sprache in Kanada. München: Vögel, 1987
WOLF, Lothar: Le langage de la Cour et le français canadien. Exemples de morphologie et de syntaxe. In: HORIOT, Brigitte (Hg.): Français du Canada - français de France. Actes du 2e Colloque international de Cognac du 27 au 30 septembre 1988. Tübingen: Niemeyer, 1991, 115 - 123
ZWARUN, Suzanne: Le français coast to coast. In: CORBETT, Noël (Hg.): Langue et identité. Le français et les francophones d'Amérique du Nord. Québec: Les Presses de l'Université Laval, [2]1993, 169 - 181

Kapitel 6.1: Schwarzafrika

COULIBALY, Bakary: Interférences et français populaire au Burkina. In: Langue française 104 (1994), 64 - 69
DAFF, Moussa: Sénégal. In: CHAUDENSON, Robert (Hg.): La francophonie: représentations, réalités, perspectives. Paris: Didier Érudition, 1991, 138 - 159
— : La situation du français au Sénégal. In: ROBILLARD, Didier de/BENIAMINO, Michel (Hg.): Le français dans l'espace francophone. Description linguistique et sociolinguistique de la francophonie. Vol. 2. Paris: Champion, 1996, 565 - 575
DUMONT, Pierre/MAURER, Bruno: Sociolinguistique du français en Afrique francophone. Gestion d'un héritage, devenir d'une science. Vanves: EDICEF, 1995
FÉRAL, Carole de: Le français au Cameroun: approximations, vernacularisation et „camfranglais". In: ROBILLARD, Didier de/BENIAMINO, Michel (Hg.): Le français dans l'espace francophone. Description linguistique et sociolinguistique de la francophonie. Vol. 1. Paris: Champion, 1993, 205 - 218
— : Appropriation du français dans le sud du Cameroun. In: Langue française 104 (1994), 37 - 48

HATUNGIMANA, Jacques: Comment peut-on être francophone quand on est d'Afrique noire? In: Cahiers de l'Institut de Linguistique de Louvain 20 (1994), 1/2, 85 - 93

KLEIN, Wolfgang: L'acquisition de langue étrangère. Traduction de Colette Noyau. Paris: Colin, 1989

KOUBA-FILA, Édit: Image et réalité du français au Congo. In: ROBILLARD, Didier de/BENIAMINO, Michel (Hg.): Le français dans l'espace francophone. Description linguistique et sociolinguistique de la francophonie. Vol. 2. Paris: Champion, 1996, 615 - 629

*LAFAGE, Suzanne: Regionale Varianten des Französischen außerhalb Frankreichs: Afrika. In: LRL V/1 (1990), 767 - 787

— : La Côte-d'Ivoire: une appropriation nationale du français? In: ROBILLARD, Didier de/BENIAMINO, Michel (Hg.): Le français dans l'espace francophone. Description linguistique et sociolinguistique de la francophonie. Vol. 2. Paris: Champion, 1996, 587 - 602

MANESSY, Gabriel: Français-tirailleur et français d'Afrique. In: Cahiers de l'Institut de Linguistique de Louvain 9 (1984) 3-4, 113 - 126

*— : Norme endogène et normes pédagogiques en Afrique noire francophone. In: BAGGIONI, Daniel/CALVET, Louis-Jean/CHAUDENSON, Robert/MANESSY, Gabriel/ROBILLARD, Didier de (Hg.): Multilinguisme et développement dans l'espace francophone. Paris: Didier-Erudition, 1992, 43 - 81

— : Vernacularité, vernacularisation. In: ROBILLARD, Didier de/BENIAMINO, Michel (Hg.): Le français dans l'espace francophone. Description linguistique et socio-linguistique de la francophonie. Vol. 1. Paris: Champion, 1993, 407 - 417

*— : Pratique du français en Afrique noire francophone. In: Langue française 104 (1994), 11 - 19

*MANESSY, Gabriel/WALD, Paul: Le français en Afrique noire tel qu'on le parle, tel qu'on le dit. Paris: L'Harmattan, 1984

*IFA 1983 = *RACELLE-LATIN, Danièle (Hg.): Inventaire des particularités lexicales du Français en Afrique noire. Montréal: AUPELF/ACCT, 1983

NADJO, Léon: L'expansion du français en Afrique noire. In: KREMER, Dieter (Hg.): Actes du XVIIIe Congrès International de Linguistique et de Philologie Romanes. Université de Trèves 1986. T. 1. Tübingen: Niemeyer, 1992, 341 - 355

SIMARD, Yves: Les français de Côte d'Ivoire. In: Langue française 104 (1994), 20 - 36

WALD, Paul: L'appropriation du français en Afrique noire: une dynamique discursive. In: Langue française 104 (1994), 115 - 124

WENEZOUI-DÉCHAMPS, Martine: Que devient le français quand une langue nationale s'impose? Conditions et formes d'appropriation du français en République Centrafricaine. In: Langue française 104 (1994), 89 - 99

ZANG ZANG, Paul: Le français en Afrique. Norme, tendances évaluatives, dialectisation. München/Newcastle: LINCOM, 1998

Kapitel 6.2: Maghreb

ABBOU, A.: La langue française, un pont entre le Maghreb et l'Europe? In: französisch heute 15 (1984) 2, 219 - 223

ACHOUR, Christiane: Pour une histoire du français en colonie - le cas de l'Algérie. In: Études de linguistique appliquée 79 (1990), 87 - 96

AKOUAOU, A.: Pourquoi le français et quel français au Maroc? In: Le français dans le monde 189 (1984), 27 - 28

ALLATI, A.: Le français utilisé au Maroc. In: FRANCARD, Michel/LATIN, Danièle (Hg.): Le régionalisme lexical. Louvain: Duculot, 1995, 149 - 157

*BASTIDE, M.: Le témoignage des écrivains maghrébins de la langue française sur les interférences phonologiques du français et de l'arabe. In: Le français dans le monde 156 (1980), 26 - 29

BNOUSSINA, Khadija: La situation linguistique du Maroc: Le Maroc entre la francophonie et l'arabisation. In: MARTEL, Pierre/MAURAIS, Jacques (Hg.): Langues et sociétés en contact. Mélanges offerts à Jean-Claude Corbeil. Tübingen: Niemeyer, 1994, 495 - 502

BONNARD, H.: Francophonie maghrébine. In: L'information grammaticale 26 (1985), 20 - 22

BOUKOUS, Ahmed: La francophonie au Maroc: Situation sociolinguistique. In: ROBILLARD, Didier de/BENIAMINO, Michel (Hg.): Le français dans l'espace francophone. Description linguistique et sociolinguistique de la francophonie. Vol. 2. Paris: Champion, 1996, 691 - 703

CALVET, Louis-Jean (Hg.): Sociolinguistique au Maghreb. Actes des journées d'études des 29/30 avril 1982. Paris: Publications du Centre de Recherche Linguistique, 1983

CHADLI EL, M.: Maroc: Quels F.L.E? In: Le français dans le monde 189 (1984), 29 - 32

CHERRAD-BENCHEFRA, Y.: Les Algériens et leurs rapports avec les langues. In: Lengas 26 (1989), 45 - 56

CUQ, J.-P.: Le français au Maghreb. In: L'Information grammaticale 54 (1992), 45 - 47

DALACHE, Djilali: Quelques particularités du français employé en Algérie. In: Zielsprache Französisch 13 (1981) 1, 18 - 24

DEBOV, Valéry: Les éléments arabes du français écrit en Tunisie (contribution à une réflexion sur l'unité/la diversité du français maghrébin. In: QUEFFÉLEC, Ambroise/BENZAKOUR, F./CHERRAD-BENCHEFRA, Y. (Hg.): Le français au Maghreb. Actes du Colloque d'Aix-en-Provence, Septembre 1994. Aix: Publications de l'Université de Provence, 1995, 107 - 110

DERRADJI, Yacine: L'emploi de la suffixation *-iser, -iste, -isme, -isation* dans la procédure néologique du français en Algérie. In: QUEFFÉLEC, Ambroise/BENZAKOUR, F./CHERRAD-BENCHEFRA, Y. (Hg.): Le français au Maghreb. Actes du Colloque d'Aix-en-Provence, Septembre 1994. Aix: Publications de l'Université de Provence, 1995, 111 - 120

DUCLOS, Jeanne: Dictionnaire du français d'Algérie. Paris: Bonneton, 1992

DUPUY, A.: Le français d'Afrique du Nord. In: Vie et langage 94 (1960), 2 - 11

GAADI, Driss: Le français au Maroc. L'emprunt à l'arabe et les processus d'intégration. In: QUEFFÉLEC, Ambroise/BENZAKOUR, F./CHERRAD-

BENCHEFRA, Y. (Hg.): Le français au Maghreb. Actes du Colloque d'Aix-en-Provence, Septembre 1994. Aix: Publications de l'Université de Provence, 1995, 131 - 151

*GLESSGEN, Martin-Dietrich: Das Französische im Maghreb: Bilanz und Perspektiven der Forschung. In: RJb 47 (1996), 28 - 63

— : Spielarten des Sprachwandels: Französische Leserbriefe aus Marokko als sprachwissenschaftliche Quelle. In: ZFSL 107 (1997), 1 - 35

HELLER, Erdmute: Die arabisch-islamische Welt im Aufbruch. In: BENZ, Wolfgang/GRAML, Hermann (Hg.): Weltprobleme zwischen den Machtblöcken: Das Zwanzigste Jahrhundert III. Frankfurt: Fischer, 1981 (Fischer Weltgeschichte Bd. 36), 101 - 164

LANLY, A.: Notes sur le français parlé en Afrique du Nord. In: Le français moderne25 (1957) 2, 197 - 211

*— : Le français d'Afrique du Nord. Étude linguistique. Paris: P.U.F., 1962, [2]1970

LAROUSSI, Foued: Le français en Tunisie aujourd'hui. In: ROBILLARD, Didier de/BENIAMINO, Michel (Hg.): Le français dans l'espace francophone. Description linguistique et sociolinguistique de la francophonie. Vol. 2. Paris: Champion, 1996, 705 - 721

MANZANO, Francis: La Francophonie dans le paysage linguistique du Maghreb: Contacts, ruptures et problématique de l'identité. In: QUEFFÉLEC, Ambroise/BENZAKOUR, F./CHERRAD-BENCHEFRA, Y. (Hg.): Le français au Maghreb. Actes du Colloque d'Aix-en-Provence, Septembre 1994. Aix: Publications de l'Université de Provence, 1995, 173 - 185

MAUME, J.-L.: L'apprentissage du français chez les arabophones maghrébins (Diglossie et plurilinguisme en Tunisie). In: Langue française 19 (1973), 90 - 107

MOATASSIME, Ahmed: Arabisation et langue française au Maghreb. Un aspect sociolinguistique des dilemmes du développement. Paris: PUF, 1992

*— : Islam, arabisation et francophonie. In: französisch heute 100 (1996), 280 - 293

NOLL, Volker: Die fremdsprachlichen Elemente im französischen Argot. Frankfurt/Bern/New York/Paris: Lang, 1991 (Heidelberger Beiträge zur Romanistik Bd. 25)

*QUEFFÉLEC, Ambroise/BENZAKOUR, F./CHERRAD-BENCHEFRA, Y. (Hg.): Le français au Maghreb. Actes du Colloque d'Aix-en-Provence, Septembre 1994. Aix: Publications de l'Université de Provence, 1995

RAISSOULI, Houda: De quelques problèmes posés par l'inventaire des particularités lexicales du Français au Maroc. In: QUEFFÉLEC, Ambroise/BENZAKOUR, F./CHERRAD-BENCHEFRA, Y. (Hg.): Le français au Maghreb. Actes du Colloque d'Aix-en-Provence, Septembre 1994. Aix: Publications de l'Université de Provence, 1995, 205 - 210

SAADI, Djamila: Note sur la situation sociolinguistique en Algérie. La guerre des langues. In: LINX 33 (1995) 2, 129 - 133

SALAH-EDDINE, Redouane: Les processus néologiques dans la presse écrite marocaine de langue française: essais de typologie générale. In: QUEFFÉLEC, Ambroise/BENZAKOUR, F./CHERRAD-BENCHEFRA, Y. (Hg.): Le français au Maghreb. Actes du Colloque d'Aix-en-Provence, Septembre 1994. Aix: Publications de l'Université de Provence, 1995, 211 - 222

WALTER, Henriette: Le français dans tous les sens. Paris: Laffont, 1988

Verzeichnis der Graphiken, Karten, Tabellen und WWW-Adressen:

***

http://www.olf.gouv.qc.ca = *Office de la langue française* (Québec)
http://www.statcan.ca = *Statistics Canada*
http://www.cfwb.be = *Communauté française de Belgique*
http://www.cajunculture.com/Other/CODOFIL.htm
(Stand: Anfang 1998)

www.ingramcontent.com/pod-product-compliance
Lightning Source LLC
Chambersburg PA
CBHW080544110426
42813CB00006B/1208
* 9 7 8 3 4 8 4 5 4 0 4 2 2 *